George Soros

Der Blick geht
nach vorn

George Soros

Der Blick geht nach vorn

Fünf Grundpfeiler der Märkte von morgen

FinanzBuch Verlag

Bibliografische Information der Deutschen Nationalbibliothek

Die Deutsche Nationalbibliothek verzeichnet diese Publikation in der Deutschen
Nationalbibliografie.

Detaillierte bibliografische Daten sind im Internet über **http://d-nb.de** abrufbar.

Für Fragen und Anregungen:
soros@finanzbuchverlag.de

1. Auflage 2010

© 2010 FinanzBuch Verlag GmbH
Nymphenburger Straße 86
D-80636 München
Tel.: 089 651285-0
Fax: 089 652096

Authorized translation from the English language edition, entitled THE SOROS
LECTURES: At the Central European University.
Copyright © 2010 by George Soros.
1st Edition by George Soros, published in the United States by PublicAffairs™, a
member of the Perseus Books Group. All rights reserved.

Übersetzung: Enrico Heinemann
Lektorat: Eva Herrmann
Satz: Manfred Zech, Landsberg am Lech
Fahnenkrorrektur: Ulrike Kroneck
Druck: Konrad Triltsch, Ochsenfurt

ISBN 978-3-89879-585-2

Weitere Infos zum Thema

www.finanzbuchverlag.de
Gerne übersenden wir Ihnen unser aktuelles Verlagsprogramm.

Inhalt

ÜBER DEN AUTOR

REGISTER

Vorwort des Autors

Die folgende Vortragsreihe habe ich im Oktober 2009 in Budapest gehalten, unter der Schirmherrschaft der Central European University, einer internationalen Privatuniversität für geistes- und sozialwissenschaftliche Aufbaustudiengänge, die ich nach dem Zusammenbruch des Sowjetsystems 1991 ins Leben gerufen hatte.

Die Vorträge eins und zwei fassen meine lebenslangen Erfahrungen und Überlegungen zusammen. Ich lege darin die Grundkonzeption dar, von der ich mich bei meinen geschäftlichen und philanthropischen Aktivitäten leiten ließ, und nutze sie als Erklärung für die gegenwärtigen Turbulenzen auf den Finanzmärkten. Die Vorträge drei und vier behandeln – für mich eher Neuland – Fragen zu ethischen Werten und zur politischen Macht sowie zu den Beziehungen zwischen beiden. Im Schlussvortrag erstelle ich Prognosen und gebe Anleitungen, soweit dies im Rahmen meiner Grundkonzeption möglich ist.

Mein Ziel ist ehrgeizig: Diese Grundkonzeption soll die Basis für ein besseres Verständnis der menschlichen Dinge liefern. Über den Erfolg meines Vorhabens mag der Leser entscheiden. Ich hoffe, meine Gedanken werden so kritisch behandelt, wie ich sie formuliert habe. Sie sind kein Dogma.

Die Vorträge und die anschließenden Diskussionen wurden als Videokonferenzen an Universitäten auf der ganzen Welt übertragen. Die Aufzeichnungen können unter der Website des Open Society Institute, www.soros.org, abgerufen werden.

An der Diskussion haben unter anderem die Fudan University in Schanghai und die Hongkong University teilgenommen – sehr zu meiner Freude, denn nach meiner Überzeugung wird China in der Welt immer mehr an Einfluss gewinnen. Sollte meine Grundkonzeption in diesem großen Land Anhänger finden, könnte sie die Welt zum Besseren verändern. Weitere Teilnehmer waren die Columbia University, die London School of Economics – meine *Alma Mater* – und das Massachusetts Institute of Technology. Ich freue mich sehr, dass mir diese herausragenden Einrichtungen ein Forum zur Verbreitung meiner Gedanken geboten haben.

Ich danke allen an der Central European University und am Open Society Institute sowie denjenigen meiner Mitarbeiter, die mit dafür gesorgt haben, dass die Originalpräsentation und die Videoübertragung dieser fünf Vorträge zu einem Erfolg wurden. Weiterer Dank geht an meinen Verleger Peter Osnos und seine Kollegen bei PublicAffairs. Dank schulde ich zudem Colin McGinn und Mark Notturno für die Klärung bestimmter philosophischer Fragen sowie John Shattuck, dem Präsidenten der Central European University, Anatole Kaletsky, Ivan Krastev, Mark Danner und Howard Davies für die Moderation der Diskussionen nach den einzelnen Vorträgen. Ebenso danke ich Cristovam Buarque und zahlreichen anderen für ihre Kommentare.

GEORG SOROS
Januar 2010, New York

Das Prinzip der menschlichen Unsicherheit

Vortragsreihe für die Central European University
26.–30. Oktober 2009

Ich habe im Lauf meines Lebens einen konzeptionellen Rahmen entwickelt, der mir beim Geldverdienen als Hedgefonds-Manager und beim Geldausgeben als politikorientiertem Philanthropen nützlich war. Diese Rahmenkonzeption hat freilich nicht unmittelbar Geld zum Gegenstand, sondern die Beziehung zwischen Denken und Realität, eine Frage, die von jeher die Philosophen beschäftigte. Ich begann meine Philosophie am Ende der 1950er-Jahre zu entwickeln, als ich an der London School of Economics studierte. Ich hatte meine Abschlussprüfungen ein Jahr früher abgelegt und musste ein Jahr überbrücken, bis ich mich für meine Graduierung qualifizieren konnte. Bei der Wahl meines Professors hatte ich mich für Karl Popper entschieden, einen in

Wien gebürtigen Philosophen. Sein Buch *Die offene Gesellschaft* hatte mich tief beeindruckt.

Popper vertritt in seinem Werk die These, dass empirische Wahrheiten niemals als absolute Gewissheiten gelten können. Nicht einmal naturwissenschaftliche Gesetze lassen sich ohne den Schatten eines Zweifels beweisen: Sie können lediglich durch Überprüfen widerlegt werden. Ein einziges negatives Ergebnis bei der Überprüfung genügt für eine Widerlegung, während keine noch so große Menge an bestätigenden Ergebnissen ausreicht, um sie zu verifizieren. Wissenschaftliche Gesetze sind ihrem Wesen nach hypothetisch und bleiben stets für eine Widerlegung offen. Ideologien, die behaupten, sie seien im Besitz einer endgültigen Wahrheit, stellen eine unwahre Behauptung auf. Deshalb können sie in der Gesellschaft nur unter Zwang durchgesetzt werden und führen durchweg zu Unterdrückung. Popper schlug eine attraktivere Form der gesellschaftlichen Organisation vor: die offene Gesellschaft, in der die Menschen ihre unterschiedlichen Meinungen offen vertreten können und in der der Rechtsstaat die Voraussetzungen für ein friedliches Zusammenleben der Menschen mit unterschiedlichen Ansichten und Interessen schafft. Ich hatte die deutsche und die russische Besatzung in Ungarn erlebt und war deswegen vom Gedanken einer offenen Gesellschaft fasziniert.

Neben meiner Beschäftigung mit Popper befasste ich mich mit der Wirtschaftstheorie und war verblüfft über den Widerspruch zwischen Poppers Betonung der Unvollkommenheit menschlicher Erkenntnis und der wirtschaftswissenschaftlichen Theorie des vollkommenen Wettbewerbs, der vollkommenes Wissen verlangte. Ich begann folglich die Grundlagen der Wirtschaftstheorie infrage zu stellen. Popper und die Ökonomie wurden zu den beiden wichtigsten theoretischen Anstößen bei der Entwicklung meiner Philosophie. Hinzu kamen natürlich zahlreiche weniger bedeutende Einflüsse.

Meine Philosophie wurzelt zudem tief in meiner eigenen Geschichte. Zur prägenden Erfahrung wurde die Besetzung Ungarns 1944 durch die Deutschen. Ich war damals knapp 14 Jahre alt und entstammte einer eher wohlhabenden Familie der Mittelschicht. Nur weil ich Jude war, sah ich mich plötzlich damit konfrontiert, deportiert und ermordet zu werden. Zum Glück war mein Vater gut auf diese »gleichgewichtsferne« Erfahrung vorbereitet. Er hatte die Russische Revolution durchlebt, die die prägende Erfahrung *seines* Lebens war. Bis zu diesem Zeitpunkt war er ein ehrgeiziger junger Mann gewesen. Als der Erste Weltkrieg ausbrach, meldete er sich freiwillig zur österreichisch-ungarischen Armee. Er geriet in russische Gefangenschaft und wurde nach Sibirien verschleppt. Ehrgeizig wie er war, wurde er der Herausgeber einer Zeitung, die die Gefangenen verfassten. Sie war handgeschrieben und wurde an einem Brett ausgehängt, weshalb sie *Die Planke* genannt wurde. Dadurch wurde mein Vater so beliebt, dass ihn die Gefangenen zu ihrem Sprecher wählten.

Dann entflohen einige Soldaten aus einem benachbarten Lager. Als Vergeltung wurde ihr Sprecher erschossen. Statt abzuwarten, bis ihn dasselbe Schicksal ereilte, organisierte mein Vater an der Spitze einer Gruppe selbst einen Ausbruch. Sein Plan war es, ein Floß zu bauen und bis zum Ozean zu segeln. Da er aber nur über unzureichende Geografiekenntnisse verfügte, wusste mein Vater nicht, dass alle sibirischen Flüsse ins Polarmeer münden. Nach Wochen auf dem Fluss dämmerte es den Flüchtigen schließlich, dass sie immer weiter in Richtung Arktis trieben. Es kostete sie mehrere Monate, um durch die Taiga in die Zivilisation zurückzukehren. Unterwegs gerieten sie in die Wirren der eben ausgebrochenen Russischen Revolution. Nach gefährlichen Abenteuern gelangte mein Vater schließlich nach Ungarn zurück. Wäre er im Lager geblieben, wäre er erheblich früher nach Hause zurückgekehrt.

Er kam als anderer Mensch zurück. Seine Erfahrungen während der Russischen Revolution hatten ihn tief erschüttert. Sein Ehrgeiz war erloschen. Jetzt wollte er nur noch sein Leben genießen. Er vermittelte seinen Kindern völlig andere Werte, als es in seinen Kreisen üblich war. Er wollte keine Reichtümer anhäufen oder gesellschaftlich herausragen. Stattdessen arbeitete er nur noch so viel, um über die Runden zu kommen. Ich erinnere mich noch, dass er mich vor einem Skiurlaub zu seinem wichtigsten Kunden schickte, um sich von diesem Geld zu leihen. Nach unserer Rückkehr hatte er wochenlang üble Laune, weil er arbeiten musste, um die Schulden zurückzuzahlen. Obwohl wir ziemlich wohlhabend waren, unterschieden wir uns von der typischen Bürgerfamilie und waren stolz auf unser Anderssein.

Als die Deutschen 1944 Ungarn besetzten, erkannte mein Vater sofort die Zeichen der Zeit und dass die üblichen Regeln außer Kraft gesetzt waren. Er beschaffte für seine Familie und mehrere andere Leute falsche Papiere. Wer konnte, bezahlte sie; die anderen bekamen sie umsonst. Die meisten von ihnen kamen mit dem Leben davon. Es war die Stunde meines Vaters. Und für mich erwies sich das Leben unter einer falschen Identität als eine besonders positive Erfahrung. Während ich mit meiner Familie in Lebensgefahr schwebte und überall um uns herum Menschen umkamen, trotzten wir dem Schicksal und konnten sogar noch anderen helfen. Wir standen auf der Seite der Guten und triumphierten über erdrückende Widrigkeiten. Ich fühlte mich als etwas Besonderes. Das Leben war ein gewaltiges Abenteuer. Unter der zuverlässigen Führung meines Vaters kam ich ungeschoren davon. Was konnte ein 14-Jähriger mehr verlangen?

Nach der euphorischen Erfahrung, den Nazis entkommen zu sein, verlor das Leben seinen Glanz während der Besetzung Ungarns durch die Sowjets. Ich suchte nach neuen Herausforderungen und fand mithilfe meines Vaters einen Weg, mein Heimatland zu verlassen. Mit 17 Jahren begann ich ein Studium in London: Ich wollte vor allem diese seltsame Welt, in die ich hineingeboren worden war, besser verstehen, aber ich muss zugeben, dass ich auch den etwas verstiegenen Wunsch hegte, ein bedeutender Philosoph zu werden. Ich glaubte, dass ich mich durch die inzwischen gewonnenen Einsichten von den anderen unterschied.

Das Leben in London war eine große Enttäuschung. Ich war mittellos und allein und niemanden interessierte, was ich zu sagen hatte. Trotzdem hielt ich an meinen philosophischen Ambitionen fest, auch dann noch, als mich die Umstände zwangen, profaneren Beschäftigungen nachzugehen. Nach Abschluss meines Studiums hatte ich eine Reihe Fehlstarts. Schließlich arbeitete ich als Arbitrage-Händler in New York, aber in meiner Freizeit beschäftigte ich mich weiterhin mit Philosophie.

So schrieb ich mein erstes größeres Essay *The Burden of Consciousness* (dt.: Die Bürde des Bewusstseins). Es war ein Versuch, Karl Poppers Konzeption von der offenen und der geschlossenen Gesellschaft auszugestalten. Ich zog eine Verbindungslinie von der organischen Gesellschaft zu einer traditionellen Denkweise, von der geschlossenen Gesellschaft zu einer dogmatischen Denkweise und von der offenen Gesellschaft zu einer kritischen Denkweise. Eher ungelöst blieb die Frage nach der Art der Beziehung zwischen der Denkweise und den tatsächlichen Verhältnissen. Dieses Problem sollte mich anhaltend beschäftigen. Schließlich entwickelte ich das Konzept der Reflexivität, das ich später noch ausführlich erläutern werde.

Das Konzept der Reflexivität lieferte mir eine neue Sicht auf die Finanzmärkte, eine bessere als die vorherrschende Theorie. Sie erwies sich für mich, zuerst als Wertpapieranalyst und später als Hedgefonds-Manager, als Vorteil. Ich hatte das Gefühl, dass ich eine bedeutende Entdeckung gemacht hatte, dank derer ich meinen verstiegenen Wunsch, ein bedeutender Philosoph zu werden, verwirklichen konnte. Als meine wirtschaftliche Karriere in eine Sackgasse geriet, schaltete ich um und steckte alle Energien in die Weiterentwicklung meiner philosophischen Gedanken. Aber meine Entdeckung war mir so heilig, dass ich sie noch nicht preisgeben konnte. Ich hatte das Gefühl, dass das Konzept der Reflexivität bis in die Tiefe ausgelotet werden musste. Während ich immer tiefer in die Materie eindrang, verirrte ich mich in meinen eigenen komplexen Konstruktionen. Ich verstand am Morgen nicht mehr, was ich abends zuvor geschrieben hatte. An dem Punkt beschloss ich, meine philosophischen Untersuchungen aufzugeben und mich aufs Geldverdienen zu konzentrieren. Erst viele Jahre später, nach einer erfolgreichen Zeit als Hedgefonds-Manager, wandte ich mich meiner Philosophie erneut zu.

Im Jahr 1987 erschien mein erstes Buch, *The Alchemy of Finance* (dt.: Die Alchemie der Finanzen). In ihm versuchte ich den philosophischen Unterbau meiner Herangehensweise an die Finanzmärkte zu erklären. Das Buch erregte einige Aufmerksamkeit. Es wurde viel im Hedgefonds-Gewerbe gelesen und wird an wirtschaftswissenschaftlichen Fakultäten behandelt. Weniger Eindruck machten allerdings seine philosophischen Aspekte. Diese wurden meistens als die selbstgefällige Meinung eines Mannes abgetan, der wirtschaftlichen Erfolg hatte und sich deshalb für einen Philosophen hält.

Allmählich zweifelte ich selbst daran, dass ich eine bedeutende neue Erkenntnis gewonnen hatte. Immerhin hatten sich seit Menschengedenken Philosophen mit meinem Thema befasst. Wie kam ich auf die Idee, dass ich auf etwas Neues gestoßen war? Keiner schien meine Meinung zu teilen. Meine Grundkonzeption war für mich persönlich zweifellos nützlich, aber anderen leuchtete sie offenbar weniger ein. Ich musste mich ihrem Urteil beugen. Ich bewahrte mir mein philosophisches Interesse, betrachtete es aber schließlich als eine persönliche Vorliebe. Meine Grundkonzeption

15

bildete weiter die Leitlinie meiner Geschäftätigkeit und meiner philanthropischen Aktivitäten, die in meinem Leben eine immer wichtigere Rolle spielten – und jedes Mal, wenn ich ein Buch schrieb, trug ich meine Argumente vor. Das half mir, meine grundlegende Konzeption weiterzuentwickeln, aber ich betrachtete mich selbst als einen gescheiterten Philosophen. Ich hielt sogar einmal einen Vortrag mit dem Titel »Ein gescheiterter Philosoph versucht es erneut«.

Die Finanzkrise 2008 hat alles verändert. Meine Grundkonzeption versetzte mich in die Lage, die Krise vorherzusehen und mit ihr umzugehen, als sie schlussendlich eintrat. Und dank ihrer konnte ich besser als andere Ereignisse prognostizieren und erklären. Meine Einschätzung und die vieler anderer hat sich dadurch verändert. Seither ist meine Philosophie keine persönliche Angelegenheit mehr: Sie verdient es vielmehr, dass man sie als einen möglichen Beitrag zum Verständnis der Realität ernst nimmt. Dieser Erkenntnis verdanke ich die Anregung zu dieser Vortragsreihe. Und hier ist sie. Heute werde ich die Begriffe Fehlbarkeit und Reflexivität ganz allgemein erklären. Morgen werde ich sie auf die Finanzmärkte anwenden und danach auf die Politik. Dabei führe ich auch den Begriff der offenen Gesellschaft ein. Im vierten Vortrag erkläre ich den Unterschied zwischen den Werten des Marktes und ethischen Werten und im fünften werde ich einige Prognosen und Rezepte mit Blick auf die zeitgeschichtliche Situation vorbringen.

Der **Kerngedanke lässt sich** in zwei relativ einfache Aussagen fassen. Die eine besagt, dass in Situationen mit denkenden Beteiligten diese immer nur eine partielle und verzerrte Sichtweise haben. Dies nenne ich das Prinzip der Fehlbarkeit. Die andere besagt, dass diese verzerrten Sichtweisen die fragliche Situation insofern beeinflussen können, als sie zu unangemessenen Handlungen führen. Dies nenne ich das Prinzip der Reflexivität. Behandelt man beispielsweise Drogenabhängige als Kriminelle, so fördert man kriminelle Aktivitäten. Eine falsche Deutung führt hier zu einem falschen Umgang mit dem Problem. Als ein weiteres Beispiel leistet die Einstellung, wonach der Staat ein Übel sei, üblen Regierungen Vorschub.

Sowohl die Fehlbarkeit als auch die Reflexivität sind Begriffe, die dem gesunden Menschenverstand entspringen. Wenn mir Kritiker vorwerfen, dass ich nur Selbstverständliches äußere, haben sie folglich recht, aber nur bis zu einem gewissen Grad. Meine Aussagen sind nämlich insofern von Belang, als ihre Bedeutung nicht in allen Bereichen anerkannt wird. Insbesondere der Begriff der Reflexivität wurde in der Wirtschaftstheorie tunlichst ignoriert und sogar geleugnet. Meine philosophische Grundkonzeption muss folglich nicht deshalb ernst genommen werden, weil ich mit ihr etwas Neues entdeckt habe, sondern weil eine Selbstverständlichkeit wie die Reflexivität bislang nur unzulänglich gewürdigt wurde. Sie wurde nämlich ein Opfer des vergeblichen Strebens nach einer gesicherten Erkenntnis in den menschlichen Dingen, wie es insbesondere in den Wirtschaftswissenschaften zu verzeichnen ist. Aber Merkmal des Menschlichen ist nun gerade die Ungewissheit. Die Wirtschaftstheorie baut auf dem Konzept des Gleichgewichts auf, einem Konzept, das in direktem Widerspruch zur Reflexivität steht. Wie ich im nächsten Vortrag zeigen werde, liefern beide Konzepte zwei völlig verschiedene Deutungen der Finanzmärkte.

Das Konzept der Fehlbarkeit ist weitaus weniger umstritten. Ganz allgemein gilt, dass die Welt, in der wir leben, wegen ihrer Komplexität nur unzulänglich durchschaubar ist. Hier kann ich kaum mit neuen Erkenntnissen aufwarten. Die Hauptursache für die Fehlbarkeit liegt darin, dass die an einer hochkomplexen Situation Beteiligten auf vereinfachende Methoden zurückgreifen müssen, wenn sie diese analysieren wollen: auf Verallgemeinerungen, Dichotomien, Metaphern, Entscheidungsregeln und ethische Leitlinien – um nur einige zu nennen. Aber solche mentalen Konstrukte verselbstständigen sich und machen die Situation noch komplizierter.

Eine weitere Ursache für verzerrte Sichtweisen liegt in der menschlichen Hirnstruktur. So brachten neue Ansätze in der Hirnforschung Aufschluss über die Arbeitsweise des Gehirns und untermauerten dabei die These David Humes, wonach der Verstand der Sklave der Leidenschaften ist. Die Vorstellung eines körperlosen Geistes oder Verstandes erwies sich als ein bloßes Produkt unserer Fantasie. Millionen Sinneseindrücke bombardieren unser Gehirn, das aber nur sechs bis sieben Informationen gleichzeitig bewusst verarbeiten kann. Die Eindrücke müssen komprimiert, in eine Ordnung gebracht und unter gewaltigem Zeitdruck interpretiert werden. Fehler und verzerrte Wahrnehmungen sind so unvermeidlich. Die Hirnforschung liefert zahlreiche neue Bestätigungen für die eingangs aufgestellte These, wonach das Verständnis von der Welt, in der wir leben, von Natur aus unvollkommen ist.

Das Konzept der Reflexivität muss etwas ausführlicher erläutert werden. Die Reflexivität betrifft ausschließlich Situationen mit denkenden Beteiligten. Deren Überlegungen erfüllen zwei Funktionen: zum einen das Verständnis der Welt, in der wir leben – dies nenne ich die kognitive Funktion – und zum anderen die Beeinflussung dieser Welt zu unserem Vorteil – dies nenne ich die *partizipierende* oder *manipulierende* Funktion. Beide Funktionen verbinden das Denken mit der Realität in entgegengesetzte Richtungen. Bei der kognitiven Funktion soll die Realität die Sichtweise der Beteiligten bestimmen. Dagegen verläuft bei der manipulierenden Funktion die kausale Beziehung vom Denken hin zur Welt so, dass die Beteiligten die Wirklichkeit je nach ihren Absichten beeinflussen. Sind beide Funktionen gleichzeitig am Werk, können sie sich gegenseitig beeinträchtigen. Wie geschieht dies? Indem sie die jeweils andere Funktion der unabhängigen Variablen berauben, die zur Festlegung des Werts der abhängigen benötigt wird: Wenn die unabhängige Variable einer Funktion von der anderen Funktion abhängt, stützt sich keine der beiden Funktionen auf eine *echte unabhängige Variable.*

Dies bedeutet: Die kognitive Funktion kann nicht genug Wissen erzeugen, um als Grundlage für die Entscheidungen der Beteiligten zu dienen. Und entsprechend kann die manipulierende Funktion das Ergebnis beeinflussen, es aber nicht absolut bestimmen. Mit anderen Worten: Das Ergebnis des Handelns der Beteiligten weicht tendenziell von deren Absichten ab. So tut sich sowohl zwischen den Absichten und den Handlungen als auch zwischen den Handlungen und deren Ergebnissen zwangläufig eine Kluft auf. Damit ist sowohl unser Verständnis von der Realität als auch der tatsächliche Verlauf kommender Ereignisse mit einem Unsicherheitsfaktor behaftet.

Eine genauere Betrachtung verdeutlicht die Unsicherheiten, die sich aus der Reflexivität ergeben. Wenn die kognitive Funktion für sich, ohne jede Beeinträchtigung durch die manipulierende Funktion, am Werk ist, kann sie Wissen generieren. Wissen wird durch wahre Aussagen ausgedrückt. Eine Aussage ist dann wahr, wenn sie den Fakten entspricht – so die Korrespondenztheorie der Wahrheit. Mischt sich allerdings die manipulierende Funktion ein, sind die Fakten kein unabhängiges Kriterium mehr, anhand dessen der Wahrheitsgehalt einer Aussage beurteilt werden kann, da die Entsprechung von Aussage und Fakten dadurch zustande gekommen sein könnte, dass die Aussage die Fakten verändert hat.

Betrachten wir einmal die Aussage: »Es regnet.« Sie ist wahr oder falsch, je nachdem, ob es tatsächlich regnet. Anders die Aussage: »Dies ist ein revolutionärer Augenblick.« Die Aussage ist reflexiv, denn ihr Wahrheitsgehalt verändert sich, je nachdem, welche Wirkung sie erzielt.

Reflexive Aussagen ähneln in gewisser Weise dem Paradox des Lügners mit der auf sich verweisenden Aussage: »Ich lüge.« Aber während dieser Selbstbezug ausgiebig untersucht worden ist, hat die Reflexivität seltsamerweise deutlich weniger Aufmerksamkeit erfahren, obwohl sie einen Ein-

Ihre Meinung ist uns wichtig!

Welche Themen interessieren Sie am meisten? Kreuzen Sie die folgenden Punkte an und senden Sie die Karte an uns zurück. **Als Dankeschön** für Ihre Antwort erhalten Sie **ein Buch** aus unserem Programm **geschenkt!*** Kreuzen Sie einfach Ihr Wunschbuch rechts in der Auswahl an.

Bitte informieren Sie mich regelmäßig über Neuigkeiten und Neuerscheinungen aus dem FinanzBuch Verlag.

Schicken Sie mir die gewünschten Infos bitte per   Post   E-Mail zu.

Ich interessiere mich für Ihre   Bücher   Seminare zu folgenden Themen:

Trading	Technische Analyse	CFDs
Investment	Value Investments	Zertifikate
Finanzen	Investment Fonds	Biografien

Sonstiges: _____

GRATIS für Sie!

FinanzBuch Verlag

*solange der Vorrat reicht

Unser Gesamtprogramm und unsere regelmäßigen Aktionen finden Sie auch auf unserer Website unter

www.finanzbuchverlag.de

Absender

Name, Vorname
....

Firma
....

Straße, Hausnummer
....

PLZ, Ort
....

Telefon
....

E-Mail
....

Diese Postkarte lag im Buch: ....

Ich bin auf das Buch aufmerksam geworden durch:

● Internet   ● Buchhandel   ● Presse   ● Freunde/Bekannte/Familie

● Sonstiges _____

● Sie dürfen mich auch gerne telefonisch kontaktieren

● Ja, ich möchte den kostenlosen Newsletter zu Ihren Highlights, Specials und Sonderangeboten per E-Mail erhalten

Datum, Unterschrift

Ich erkläre mich damit einverstanden, dass meine freiwilligen Angaben zusammen mit den für die Abwicklung des Geschäftsvorfalls erforderlichen Angaben vom FinanzBuch Verlag, seinen Dienstleistern sowie anderen ausgewählten Unternehmen für Marketingzwecke genutzt werden, um interne Marktforschung zu betreiben und um mich über interessante Angebote zu informieren. Sollte ich dies nicht mehr wünschen, kann ich das jederzeit schriftlich mitteilen.

Antwortkarte

FinanzBuch Verlag GmbH
Nymphenburger Straße 86
D-80636 München

fluss auf die reale Welt hat, während der Selbstbezug ein rein sprachliches Phänomen ist.

In der realen Welt äußert sich das Denken der Beteiligten nicht nur in Aussagen, sondern natürlich auch in verschiedenen Formen des Handelns und des sich Verhaltens. Deshalb ist die Reflexivität ein sehr breit angelegtes Phänomen, dass typischerweise in Gestalt von Rückkoppelungsschleifen auftritt. Die Sichtweise der Beteiligten beeinflusst den Verlauf der Ereignisse, der wiederum die Sichtweise der Beteiligten verändert. Dass dieser Einfluss kontinuierlich und zirkulär verläuft, macht ihn zur Rückkoppelungsschleife. Der Ablauf kann von beiden Seiten angestoßen werden – durch eine Veränderung der Sichtweisen oder durch eine Veränderung der äußeren Umstände.

Solche Rückkoppelungsschleifen sind bislang noch *nicht* nach strengen Maßstäben untersucht worden. Als sie mir zum erst Mal begegneten und ich versuchte, sie zu analysieren, stieß ich auf zahlreiche Komplikationen. Die Rückkoppelungsschleife wird als Wechselwirkung zwischen den Sichtweisen der Beteiligten und dem tatsächlichen Verlauf von Ereignissen betrachtet. Aber was ist mit einer Wechselwirkung zwischen den jeweiligen Sichtweisen der Beteiligten? Und wie sieht es mit dem Einzelnen aus, der sich fragt, wer er ist und wofür er steht, und der sein Verhalten ändert als Ergebnis dieser Überlegungen? Bei dem Versuch, diese Probleme zu lösen, verzettelte ich mich so lange in Kategorisierungen, dass ich eines Morgens selbst nicht mehr verstand, was ich am Abend zuvor geschrieben hatte. Das war der Punkt, an dem ich die Philosophie aufgab und mich dem Geldverdienen widmete.

Um zu vermeiden, dass ich in dieselbe Falle wie bei meiner früheren Untersuchung der Reflexivität tappe, schlage ich folgende Terminologie vor: Wir unterscheiden zwischen einem objektiven und einem subjektiven Aspekt der Realität – mit dem Denken als dem subjektiven und den Ereignissen als dem objektiven Aspekt. Mit anderen Worten: Der subjektive Aspekt deckt die Abläufe im Denken der Beteiligten ab, während der objektive Aspekt für die Abläufe in der Außenwelt steht. Es gibt nur eine Außenwelt, aber viele verschiedene subjektive Sichtweisen darauf. Die Reflexivität kann irgendwelche zwei oder mehr Aspekte der Realität so miteinander verbinden, dass dabei Rückkoppelungsschleifen entstehen. In Ausnahmefällen geschieht dies sogar innerhalb eines einzelnen Aspekts wie im Fall des Einzelnen, der seine Identität reflektiert. Hier könnte man von einer *Selbst-Reflexivität* sprechen. Nun können wir grob zwischen zwei Kategorien unterscheiden: zwischen reflexiven *Beziehungen,* die zwischen den subjektiven Aspekten der Realität bestehen, und reflexiven *Ereignissen,* an denen objektive Aspekte beteiligt sind. Ohne einen subjektiven Aspekt der Realität kann es keine Reflexivität geben.

Es gibt positive und negative Rückkoppelungsschleifen. Die negativen nähern die Sichtweisen der Beteiligten und die tatsächliche Situation aneinander an, während die positiven beide voneinander entfernen. Mit anderen Worten: Ein negativer Rückkoppelungsprozess korrigiert sich selbst. Er kann endlos ablaufen und – wenn es in der Außenwelt zu keiner erheblichen Veränderung kommt – am Ende insofern zu einem Gleichgewicht führen, als die Sichtweisen der Beteiligten der tatsächlichen Lage entsprechen. Der Theorie nach soll dies auf den Finanzmärkten geschehen. Das Gleichgewicht, das in den Wirtschaftswissenschaften der *Regelfall* ist, erweist sich so als der Extremfall einer negativen Rückkoppelung, der in meiner Grundkonzeption den *Grenzfall* bildet.

Dagegen verstärkt sich ein positiver Rückkoppelungsprozess von selbst. Er kann nicht endlos ablaufen, denn am Ende entfernen sich die Sichtweisen so weit von der objektiven Realität, dass die Beteiligten erkennen müssen, dass ihre Einschätzungen unrealistisch sind. Auch verändert der wiederholte Ablauf dieses Prozesses zwangsläufig den Ist-Zustand, da die positive Rückkoppelung naturgemäß jeden vorherrschenden Trend in der realen Welt verstärkt. Statt mit einem Gleichgewicht haben wir es mit einem dynamischen Ungleichgewicht zu tun – oder mit einer *Situation der Gleichgewichtsferne,* wie man es nennen könnte. In solchen Situationen strebt die Abweichung zwischen Realität und Wahrnehmung einem Scheitelpunkt zu, an dem ein positiver Rückkoppelungsprozess in die entgegengesetzte Richtung in Gang gesetzt wird. Derartige sich anfangs selbst verstärkende, dann aber selbst zunichtemachende Boom-Bust-Prozesse oder Blasenbildungen sind für die Finanzmärkte typisch, treten aber auch in anderen Bereichen auf. Dort nenne ich sie *fruchtbare Irrtümer*, also Deutungen der Realität, die die Tatsachen verzerrt widerspiegeln, aber zu Ergebnissen führen, die diese verzerrte Sichtweise noch verstärken.

Ich bin mir bewusst, dass all dies höchst abstrakt klingt und schwer nachzuvollziehen ist. Konkrete Beispiele wären hilfreich, aber hier bitte ich um Geduld. Zunächst möchte ich etwas anderes ansprechen, das mit der Problematik der Abstraktion allgemein zu tun hat. Abstrakte Begriffe wie »Realität« oder »Denken« oder die Beziehung zwischen beiden stiften oft Verwirrung und sorgen für eine falsche Darstellung der Probleme. Fehldeutungen und Missverständnisse spielen in menschlichen Dingen eine sehr bedeutende Rolle. So lässt sich die jüngste Finanzkrise auf eine fehlerhafte Interpretation der Funktionsweise der Finanzmärkte zurückführen. Darüber werde ich im nächsten Vortrag sprechen. Im dritten Vortrag werde ich zwei fruchtbare Irrtümer diskutieren: den Irrtum der Aufklärung und den Irrtum der Postmoderne sowie deren ausufernden Einfluss auf den Blick, den wir auf unsere Welt haben. Diese konkreten Beispiele werden zeigen, welche bedeutende Rolle Fehldeutungen im der Geschichte gespielt haben. Aber für den Rest dieses Vortrags werde ich in den luftigen Höhen der Abstraktionen bleiben.

Ich behaupte, dass Situationen mit denkenden Beteiligten eine andere Struktur haben als natürliche Erscheinungen. Der Unterschied liegt darin, welche Rolle das Denken spielt. Bei natürlichen Erscheinungen spielt es keine *kausale* Rolle und erfüllt nur eine kognitive Funktion. Dagegen ist das Denken bei menschlichen Dingen *Teil* des Gegenstands und erfüllt sowohl eine kognitive als auch eine manipulierende Funktion. Beide können einander beeinträchtigen. Diese

Beeinträchtigung findet nicht ständig statt – tatsächlich ergänzen sich beide Funktionen sogar bei Alltagshandlungen wie dem Autofahren oder dem Anstreichen eines Hauses –, aber wo sie auftritt, kommt ein Element der Unsicherheit ins Spiel, das bei natürlichen Phänomenen fehlt. Die Unsicherheit tritt bei *beiden* Funktionen in Erscheinung: Die Beteiligten agieren auf der Grundlage eines unvollkommenen Verständnisses und das Ergebnis ihres Tuns weicht von ihren Erwartungen ab. Dies ist ein Schlüsselmerkmal menschlicher Dinge.

Dagegen laufen natürliche Phänomene aus der Sichtweise ihrer Beobachter unabhängig ab. Die außen stehenden Beobachter sind nur mit der kognitiven Funktion befasst. Die Phänomene liefern dabei ein zuverlässiges Kriterium, anhand dessen sich der Wahrheitsgehalt ihrer Theorien überprüfen lässt. So können außen stehende Beobachter Erkenntnisse gewinnen. Auf der Grundlage solcher Erkenntnisse lässt sich die Natur erfolgreich manipulieren. Hier sind beide Funktionen – die kognitive wie die manipulierende – klar voneinander getrennt und erreichen ihre jeweiligen Ziele deshalb leichter als in der menschlichen Sphäre.

Hervorzuheben bleibt, dass die Reflexivität nicht die einzige Ursache für die Unsicherheit in menschlichen Dingen ist. Sie bringt in die Sichtweisen der Beteiligten wie auch in den Verlauf der Ereignisse ein Element der Ungewissheit ein, aber denselben Effekt haben auch weitere Faktoren. Die Tatsache, dass die einen Beteiligten nicht wissen können, was die anderen wissen, hat nichts mit Reflexivität zu tun, sorgt aber in menschlichen Dingen ebenfalls für Unsicherheit. Ein weiteres Element der Unsicherheit besteht darin, dass die verschiedenen Beteiligten unterschiedliche Interessen haben, die im Widerspruch zueinander stehen können. Zudem lässt sich jeder Beteiligte möglicherweise von einer Vielfalt an Werten leiten, die in sich nicht unbedingt stimmig sein müssen, wie der politische Philosoph und Ideengeschichtler Isaiah Berlin hervorhob. Aus diesen Faktoren ergeben sich wahrscheinlich noch größere Unsicherheiten als aus der Reflexivität. Zusammenfassend nenne ich sie das *Prinzip der menschlichen Unsicherheit*. Dieser Begriff ist noch weiter gefasst als der der Reflexivität.

Das Prinzip der menschlichen Unsicherheit bezeichnet etwas deutlich Spezielleres und Stringenteres als der subjektive Skeptizismus, der die kartesianische Philosophie durchweht. Es liefert uns objektive Gründe für die Überzeugung, dass unsere Wahrnehmungen und Erwartungen falsch sind oder es zumindest sein können.

Obwohl der menschliche Unsicherheitsfaktor vor allem die Beteiligten trifft, hat er auch für die Sozialwissenschaften weitreichende Folgen. Am besten lassen sich diese mit einem Rückgriff auf Poppers Theorie von der wissenschaftlichen Methode erklären, einem wunderbar einfachen und eleganten System. Es besteht aus drei Elementen und drei Wirkungen. Die drei Elemente sind die wissenschaftlichen Gesetze sowie die Anfangs- und die Endbedingungen, unter denen diese gelten. Die drei Wirkungen sind Vorhersage, Erklärung und Überprüfung. In Kombination mit den Anfangsbedingungen liefern wissenschaftliche Gesetze Vorhersagen und kombiniert mit den Endbedingungen sorgen sie für Erklärungen. In diesem Sinn sind Vorhersagen und Erklärungen symmetrisch und umkehrbar. Bei der Überprüfung werden schließlich die aus den Gesetzen abgeleiteten Vorhersagen mit den tatsächlichen Ergebnissen verglichen.

Nach Popper sind wissenschaftliche Gesetze ihrem Wesen nach hypothetisch. Sie können nicht verifiziert, sondern nur durch Überprüfung widerlegt werden. Der Schlüssel zum Erfolg der wissenschaftlichen Methode ist die Überprüfung allgemeiner Hypothesen anhand von Einzelbeobachtungen. Schon ein einziger negativ ausgefallener Test genügt, um eine Theorie zu widerlegen, während keine noch so große Anzahl an Bestätigungen als Beweis für ihre Richtigkeit ausreicht.

Dies ist eine brillante Lösung für das – ansonsten unlösbare – Problem, wie Wissenschaft gleichzeitig empirisch und rational sein kann. Empirisch ist sie nach Popper insofern, als wir Hypothesen anhand von Beobachtungen daraufhin *überprüfen,* ob die aus ihnen abgeleiteten Vorhersagen tatsächlich eintreffen. Und rational ist sie insofern, als wir dabei deduktive Schlüsse ziehen. Popper kommt ohne die Induktion aus und stützt sich stattdessen auf die Überprüfung. Verallgemeinerungen, die sich nicht widerlegen lassen, können nicht als wissenschaftliche Hypothesen gelten. Popper betont die zentrale Bedeutung der Überprüfung in der wissenschaftlichen Methode und liefert mit seiner These, wonach wissenschaftliche Gesetze immer nur provisorisch Gültigkeit besitzen und sich stets weiteren Überprüfungen stellen müssen, gewichtige Argumente zugunsten eines kritischen Denkens.

Die drei hervorstechenden Merkmale von Poppers Wissenschaftstheorie sind die Symmetrie von Vorhersage und Erklärung, die Asymmetrie von Verifizierung und Widerlegung sowie die Schlüsselrolle der Überprüfung. Letztere ermöglicht es der Wissenschaft zu wachsen, voranzuschreiten und sich zu erneuern.

Poppers System funktioniert tadellos bei der Untersuchung von natürlichen Erscheinungen, aber wo es um menschliche Dinge geht, bringt das Prinzip der Unsicherheit das höchst einfache und elegante Getriebe dieses Systems zum Knirschen. Da hier bei den Vorhersagen ein Element der Unsicherheit auftritt, zerbricht die Symmetrie zwischen Vorhersage und Erklärung. Und die Überprüfung kann ihre zentrale Rolle nicht mehr erfüllen. Muss das Denken von Beteiligten in die Anfangs- und die Endbedingungen einbezogen oder von ihnen ausgeschlossen werden? Eine wichtige Frage, denn diese Bedingungen müssen bei der Überprüfung reproduziert werden. Bezieht man das Denken der Beteiligten ein, lassen sich die Anfangs- und die Endbedingungen nur schwer bestimmen, da sich die Sichtweisen der Beteiligten nur aus ihren Äußerungen und Handlungen erschließen lassen. Bleibt das Denken ausgeklammert, bilden die Anfangs- und die Endbedingungen keine Einzelbeobachtungen, da dieselben objektiven Bedingungen mit ganz unterschiedlichen Sichtweisen von Beteiligten verknüpft sein können. In beiden Fällen sind Verallgemeinerungen nicht angemessen überprüfbar. Diese Schwierigkeiten hindern die Sozialwissenschaftler freilich nicht daran, interessante allgemeine Hypothesen aufzustellen, aber diese erfüllen kaum die Anforderungen von Poppers System und besitzen auch nicht die Vorhersagekraft physikalischer Gesetze.

Sozialwissenschaftler konnten diese Schlussfolgerung nur schwer akzeptieren. Vor allem die Wirtschaftswissenschaftler leiden unter einer Art »Physikneid«, wie Sigmund Freud es ausgedrückt hätte.

Es wurde schon oft versucht, die Schwierigkeiten, die mit dem Prinzip der menschlichen Unsicherheit verbunden sind, dadurch auszuräumen, dass man eine Art feste Beziehung zwischen dem Denken der Beteiligten und der tatsächlichen Lage ersonnen beziehungsweise vorausgesetzt hat. So behauptete Karl Marx, dass der ideologische Überbau von den materiellen Produktionsbedingungen geregelt werde. Und Freud stellte die These auf, dass das menschliche Verhalten von unbewussten Trieben und Komplexen bestimmt werde. Beide erhoben für ihre Theorien den Anspruch auf Wissenschaftlichkeit, obwohl sie, wie Popper hervorhob, nicht durch Überprüfung widerlegt werden können.

Den aber bei Weitem eindrucksvollsten Versuch unternahm die Wirtschaftstheorie: mit der Grundannahme eines vollkommenen Wissens. Als sich diese als unhaltbar erwies, wurde sie immer weiter zurechtgebogen, um die Fiktion des rationalen Verhaltens aufrechterhalten zu können. Am Ende entstand so die Theorie der rationalen Erwartungen, wonach es eine einzige optimale Ansicht über die Zukunft gibt, die mit dieser faktisch übereinstimmt. Ihr sollen sich alle Marktteilnehmer am Ende annähern. Diese Voraussetzung ist absurd, aber notwendig, wenn die Wirtschaftstheorie nach dem Vorbild der Newton'schen Physik funktionieren soll.

Interessanterweise erkannten sowohl Karl Popper als auch Friedrich Hayek in ihrem viel beachteten wissenschaftlichen Austausch in der Zeitschrift *Economica*, dass sich in den Sozialwissenschaften keine Ergebnisse erzielen lassen, die mit denen der Physik vergleichbar sind. Hayek geißelte die mechanische und unkritische Anwendung der quantitativen Methoden der Naturwissenschaften und kritisierte sie als »Szientismus«. Popper vertrat in *The Poverty of Historicism* (dt.: Das Elend des Historizismus) die These, dass die Geschichte nicht von universell gültigen wissenschaftlichen Gesetzen gelenkt wird.

Gleichwohl verkündete Popper seine sogenannte »Lehre von der Einheit der wissenschaftlichen Methode«, wonach sowohl die Natur- als auch die Sozialwissenschaften anhand derselben Kriterien beurteilt werden müssten. Und man darf natürlich nicht vergessen, dass sich Hayek zu einem Verfechter der Chicagoer Schule machte, aus der der Marktfundamentalismus hervorging. Aber so wie ich es sehe, bedeutet das Prinzip der menschlichen Unsicherheit, dass sich die Natur- und die Sozialwissenschaften mit grundlegend verschiedenen Gegenständen beschäftigen. Aus diesem Grund müssen sie unterschiedliche Methoden entwickeln und sich an verschiedenen Standards messen lassen. Man darf von der Wirtschaftstheorie nicht erwarten, dass sie allgemeingültige Gesetze hervorbringt, die sich wahlweise zur Erklärung und zur Vorhersage historischer Ereignisse heranziehen lassen. Ich behaupte, dass die sklavische Nachahmung der Naturwissenschaften durch die Sozialwissenschaften unweigerlich zu einer verzerrten Sichtweise der menschlichen

und der sozialen Phänomene führt. Das, was Sozialwissenschaften erreichen, indem sie die Naturwissenschaften imi-
tieren, bleibt hinter der Aussagekraft der Ergebnisse aus der
Physik zurück.

Ich scheue davor zurück, die Trennlinie zwischen den Na-
tur- und den Sozialwissenschaften allzu scharf zu ziehen.
Solche Dichotomien sind gewöhnlich nicht realistisch. Vielmehr führen wir sie in dem Bestreben ein, eine ansonsten verwirrende Wirklichkeit ein wenig zu entschlüsseln. Während
die scharfe Unterscheidung zwischen Physik und Sozialwissenschaften in der Tat gerechtfertigt erscheint, nehmen andere Wissenschaften wie die Biologie und das Studium der
Tiergesellschaften eine Zwischenstellung ein.

Trotz meiner Vorbehalte sehe ich eine klare Dichotomie
zwischen den Natur- und den Sozialwissenschaften, da die zu-
letzt Genannten nicht nur mit dem Prinzip der menschlichen
Unsicherheit kämpfen, das für die Naturwissenschaften be-
deutungslos ist, sondern weil sie auf eine zweite Schwierigkeit
stoßen: Gesellschaftliche Theorien sind ihrerseits reflexiv.

Während die Entdeckung der Unschärferelation in der
Physik durch Werner Heisenberg am Verhalten der Quan-
ten kein Jota verändert hat, können gesellschaftliche Theori-
en – sei es der Marxismus, der Marktfundamentalismus oder
die Theorie der Reflexivität – den Gegenstand, mit dem sie
sich hauptsächlich befassen, durchaus beeinflussen. Wissenschaftliche Methoden sollen dem Streben nach Wahrheit
dienen. Die Heisenberg'sche Unschärferelation lässt diese
Voraussetzung unangetastet, aber die Reflexivität von Gesell-

schaftstheorien beeinträchtigt sie. Warum sollten sich die Sozialwissenschaften darauf beschränken, die gesellschaftlichen Phänomene zu beobachten, wenn sie die Verhältnisse auch aktiv verändern können? In *Die Alchemie der Finanzen* habe ich darauf hingewiesen, dass die Alchimisten irrigerweise versuchten, durch Beschwörungen Blei in Gold zu verwandeln. Hätten sie sich stattdessen auf die Finanzmärkte konzentriert, wären sie wohl erfolgreicher gewesen.

Wie lassen sich die Sozialwissenschaften vor diesem unzulässigen Einfluss schützen? Mein Vorschlag ist einfach: Die Einsicht, dass es zwischen den Natur- und den Sozialwissenschaften eine Dichotomie gibt, bietet die Gewähr dafür, dass Gesellschaftstheorien nach ihren Verdiensten und nicht anhand einer falschen Analogie zu den Naturwissenschaften beurteilt werden. Ich schlage diese Übereinkunft vor, um die wissenschaftliche Methode zu schützen: Sie bedeutet keine Herabsetzung oder Entwertung der Sozialwissenschaften und setzt ihren möglichen Ergebnissen keine Grenzen. Im Gegenteil: Wenn man die Sozialwissenschaften davon befreit, sich sklavisch am Vorbild der Naturwissenschaften zu orientieren, und sie nicht mehr anhand falscher Standards beurteilt, eröffnen sich ihnen neue Perspektiven. In diesem Sinn werde ich morgen meine Sicht auf die Finanzmärkte darlegen.

Ich bitte Sie meinen langen Aufenthalt in den luftigen Höhen der Abstraktionen zu entschuldigen. Ich verspreche auch, dass ich in meinem nächsten Vortrag auf die Erde herabkommen werde.

Danke.

Die Finanzmärkte

Vortragsreihe für die Central European University
26.–30. Oktober 2009

In diesem Vortrag werde ich die Begriffe, die ich im ersten Vortrag eingeführt habe – Fehlbarkeit, Reflexivität und das Prinzip der menschlichen Unsicherheit – auf die Finanzmärkte anwenden. Bitte sammeln Sie sich: In diesen Vortrag habe ich die Erfahrungen eines Lebens hineingepackt.

Die Finanzmärkte sind ein hervorragendes Versuchslabor, um die Gedanken zu überprüfen, die ich in abstrakter Form im vorherigen Vortrag dargelegt habe. Der Verlauf von Ereignissen lässt sich hier leichter beobachten als in den meisten anderen Bereichen. Viele Fakten tauchen zahlreich auf und die Daten sind gut dokumentiert und archiviert. Einen Anlass zur Überprüfung liefert die Tatsache, dass meine Interpretation der Finanzmärkte in direktem Widerspruch zur Effizienzmarkthypothese steht – der bislang vorherrschenden Theorie zu den Finanzmärkten. Ihr zufolge tendieren die Märkte zu einem Gleichgewicht. Abweichungen sind nur zufallsbedingt und lassen sich auf äußere Erschütterungen zurückführen. Wenn diese Hypothese richtig ist, ist meine falsch und umgekehrt.

Ich möchte zunächst die beiden wichtigsten Grundsätze meiner Konzeption in Anwendung auf die Finanzmärkte formulieren. Zunächst spiegeln Marktpreise die Verhältnisse, unter denen sie zustande kommen, stets verzerrt wider. Der Grad dieser Verzerrung reicht von vernachlässigbar bis erheblich. Dies widerspricht unmittelbar der Effizienzmarkthypothese, wonach die Marktpreise die verfügbaren Informationen genau widerspiegeln.

Zweitens bilden die Finanzmärkte nicht einfach passiv eine zugrunde liegende Realität ab. Vielmehr erfüllen sie auch eine aktive Rolle: Sie können die sogenannten »Fundamentalbedingungen«, die sie widerspiegeln, auch *beeinflussen*. Diesen Punkt klammert die Verhaltensökonomik aus. Sie konzentriert sich nur auf eine Hälfte des reflexiven Prozesses, nämlich auf die Fehlbewertung von Kapitalanlagen. Die Auswirkungen der Fehlbewertung auf die Fundamentalbedingungen bleiben unbeachtet.

Die Fehlbewertung von Kapitalanlagen kann die Fundamentalbedingungen auf verschiedenen Wegen beeinflussen: Meistens ist eine Kapitalbeschaffung im Spiel – entweder durch Kredite oder durch Eigenkapitalaufnahme. Die verschiedenen Rückkoppelungsschleifen können den Eindruck vermitteln, dass die Märkte oft richtig funktionieren, dabei ist jedoch ein ganz anderer Mechanismus als der im vorherrschenden Paradigma vertretene am Werk. Ich behaupte, dass die Finanzmärkte die Fundamentalbedingungen auf bestimmte Arten verändern und so eine engere Übereinstimmung zwischen diesen und den Marktpreisen herbeiführen können. Dagegen beinhaltet die Effizienzmarkthypothese die Behauptung, dass die Märkte die Wirklichkeit stets getreu widerspiegeln und automatisch zum Gleichgewicht tendieren.

Meine beiden Thesen rücken die reflexiven Rückkoppelungsschleifen, die für die Finanzmärkte kennzeichnend sind, in den Fokus. Beide, die negative und die positive Schleife, habe ich im ersten Vortrag beschrieben. Nochmals: Die negative Rückkoppelung wirkt sich selbst korrigierend, während die positive sich selbst verstärkt. Eine negative Rückkoppelung tendiert zum Gleichgewicht, während eine positive ein dynamisches Ungleichgewicht schafft. Positive Rückkoppelungsschleifen sind insofern interessanter, als sie sowohl bei den Marktpreisen als auch bei den Fundamentalbedingungen große Bewegungen verursachen können. Ein voll in Gang gekommener positiver Rückkoppelungsprozess verstärkt sich zunächst selbst, strebt dann aber einem Scheitel- oder Wendepunkt zu, von dem aus er sich in der umgekehrten Richtung selbst verstärkt. Einem solchen Prozess muss man nicht zwangsläufig seinen vollen Lauf lassen; er kann jederzeit durch eine negative Rückkoppelung abgebrochen werden.

Dementsprechend habe ich eine Theorie zu Boom-Bust-Prozessen oder Blasen entwickelt. Jede Blase besteht aus zwei Komponenten: aus einem Trend in der Wirklichkeit und einer Fehleinschätzung mit Blick auf diesen

Trend. Ein Boom-Bust-Prozess wird in Gang gesetzt, wenn sich ein Trend und eine Fehleinschätzung wechselseitig positiv verstärken. Der Prozess unterliegt im Ablauf dem Test durch eine negative Rückkoppelung. Ist der Trend so stark, dass er dem Test standhält, verstärkt er sich zusammen mit der Fehleinschätzung. Am Ende entfernen sich die Erwartungen des Marktes so weit von der Realität, dass die Marktteilnehmer erkennen müssen, dass eine Fehlannahme vorliegt. Eine Periode des Übergangs folgt, in der immer mehr Beteiligte das Vertrauen verlieren, der vorherrschende Trend von der Trägheit aber weiter getragen wird. Wie Chuck Prince, der frühere Chef der Citigroup sagte: »Solange die Musik spielt, muss man aufstehen und mittanzen. Wir tanzen noch immer.« Schließlich ist ein Punkt erreicht, an dem sich der Trend umkehrt und dann verstärkt er sich in die entgegengesetzte Richtung.

Ich möchte auf das Beispiel zurückkommen, das ich bei der ersten Vorstellung meiner Theorie 1987 angeführt habe: den Boom der Mischkonzerne am Ende der 1960er-Jahre. Den Trend bildete hier der Gewinnzuwachs pro Aktie. Die Erwartungen mit Blick auf diesen Trend schlugen sich in den Kursen der Aktien nieder. Die Mischkonzerne verbesserten ihre Gewinne pro Aktie durch den Zukauf von Firmen. Überzogene Erwartungen ermöglichten es ihnen, die Entwicklung ihrer Erträge zu verbessern, aber am Ende konnte die Realität mit den Erwartungen nicht Schritt halten. Nach einer Übergangszeit kehrte sich der Trend der Kurse um. Alle unter den Teppich gekehrten Probleme kamen allmählich zum Vorschein: Die Gewinne brachen ein. Wie mir der Vorstandsvorsitzende des Mischkonzerns Ogden Corporation damals sagte: »Mir fehlt eine Zuhörerschaft, vor der ich spielen kann.«

Die abgebildete Grafik zeigt ein Modell der Mischkonzernblase. Die Charts realer Mischkonzerne wie der Ogden Corporation ähneln stark diesem Schaubild. Blasen, die nach diesem Muster heranwachsen, durchlaufen bestimmte Stadien: 1. Anfang; 2. eine Phase der Beschleunigung; 3. Unterbrechung und Verstärkung durch eine erfolgreiche Überprüfung; 4. eine Übergangsphase; 5. die Trendwende oder der Scheitelpunkt, gefolgt von 6. einer Beschleunigung des Abwärtstrends, der 7. in eine Finanzkrise mündet.

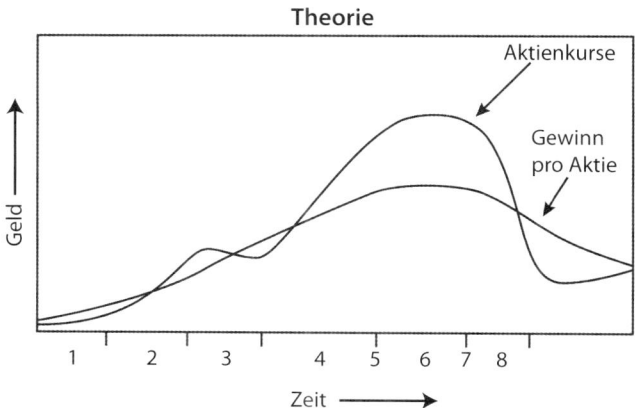

Die Dauer und Intensität der einzelnen Stadien sind unabsehbar, aber ihr Ablauf folgt einer inneren Logik und ist somit vorhersagbar. Allerdings kann der Ablauf durch staatliche Eingriffe oder andere Formen der negativen Rückkoppelung gestoppt werden. Im Fall der Mischkonzernblase bildete das Scheitern der Leasco Systems and Research Corporation beim Versuch, die Manufacturer Hanover Trust Company zu erwerben, den Scheitelpunkt beziehungsweise die Trendwende.

Blasen haben typischerweise eine asymmetrische Form. Der Boom baut sich über längere Zeit auf: Er startet gemächlich, beschleunigt sich in Stufen und läuft in der Übergangsphase flach aus. Der Absturz verläuft jäh und steil, da er von der erzwungenen Liquidation ungesunder Anlagepositionen verstärkt wird. Die Desillusionierung wird zur Panik und gipfelt in einer Finanzkrise.

Der einfachste Fall ist ein Immobilienboom. Der Trend, der ihn anheizt, ist die Verbilligung und leichtere Verfügbarkeit von Krediten. Die Fehleinschätzung besteht darin, dass der ihn absichernde Vermögenswert von der Verfügbarkeit der Kredite unabhängig ist. Tatsächlich aber besteht zwischen beiden eine reflexive Beziehung. Werden Kredite billiger und leichter verfügbar, werden mehr Käufe getätigt, wodurch die Immobilienpreise steigen. Die Ausfälle vermindern sich, die Kreditträge steigen und die Vergabestandards werden weiter gelockert. Mit dem Höhepunkt des Booms erreicht auch das entsprechende Kreditvolumen den Höhepunkt. Dann sorgt eine Trendumkehr für immer mehr Zwangsliquidationen, wodurch die Immobilienwerte verfallen.

Dennoch taucht die Fehleinschätzung in verschiedener Gestalt immer wieder auf. Die internationale Bankenkrise von 1982 drehte sich um Staatsverschuldung ohne Sicherheiten durch Vermögenswerte. Die Kreditwürdigkeit der öffentlichen Schuldner wurde anhand verschiedener Verschuldungsquoten gemessen wie dem Verhältnis von Schuld zu Bruttoinlandsprodukt oder Schuld zu Exportvolumen. Diese Quoten galten als objektive Kriterien, aber in Wirklichkeit waren sie reflexiv. Als die Reinvestition von Petrodollars in den 1970er-Jahren die Kreditvergabe an Länder wie Brasilien erhöhte, verbesserten sich deren Verschuldungsquoten und förderten weitere Kapitalzuflüsse, sodass eine Blase entstand. Kaum hatte US-Notenbankpräsident Paul Volcker die Zinssätze in den USA erhöht, um die Inflation zu dämpfen, platzte schließlich die Blase.

Nicht an allen Blasen ist eine Ausweitung der Kreditvergabe beteiligt, manche basieren auf Eigenkapitalaufnahmen. Die besten Beispiele sind der Boom der Mischkonzerne am Ende der 1960er-Jahre und die Internetblase am Ende der 1990er-Jahre. Als Alan Greenspan 1996 von einem »irrationalen Überschwang« an den Märkten redete, stellte er das Wesen der Blasen falsch dar. Wenn ich eine Blase wachsen sehe, stürze ich mich hinein, um zu kaufen, und gieße damit Öl ins Feuer. Dies ist keineswegs irrational. Gerade deshalb braucht es Regulierer, die den Märkten entgegenwirken, wenn eine Blase zu groß zu werden droht. Auf die Marktteilnehmer ist kein Verlass, auch wenn sie noch so gut informiert sind und rational handeln.

Die Reflexivität manifestiert sich nicht nur in Form von Blasen. Diese sind nur die augenfälligste Erscheinung, die zudem der Effizienzmarkthypothese am unmittelbarsten widerspricht. Deshalb verdienen sie besondere Aufmerksamkeit. Die Reflexivität tritt jedoch auch in anderen Formen in Erscheinung. An den Devisenmärkten verlaufen die Auf- und Abwärtstrends symmetrisch, sodass es keine Anzeichen einer Ungleichheit wie zwischen Boom und Zusammenbruch gibt. Allerdings gibt es auch keine Anzeichen eines Gleichgewichts. Freie Wechselkurse tendieren zu einer Entwicklung in Wellen, die sich über viele Jahre erstrecken.

Die wichtigste und interessanteste reflexive Wechselwirkung findet zwischen den Finanzbehörden und den Finanzmärkten statt. Da die Märkte nicht zum Gleichgewicht tendieren, geraten sie periodisch in eine Krise. Finanzkrisen führen zu regulierenden Reformen. So haben sich die Zentralbankpolitik und die Regulierung der Finanzmärkte bislang entwickelt. Die Finanzbehörden und die Markteilnehmer müssen beide auf der Basis eines unzulänglichen Verständnisses der Realität agieren und gerade das macht ihr Zusammenspiel reflexiv.

Während Blasen nur phasenweise auftreten, wirken die Behörden und die Märkte in einem dauerhaften Prozess zusammen. Fehldeutungen auf einer der beiden Seiten bleiben gewöhnlich innerhalb vernünftiger Grenzen, da die Reaktionen des Marktes als nützliche Rückkoppelung auf die Behörden einwirken und es ihnen so ermöglichen, ihre Fehler zu korrigieren. Aber gelegentlich wirken Fehldeutungen sich selbst bestätigend und setzen negative oder positive Dynamiken in Gang. Solche Rückkoppelungsschleifen ähneln insofern Blasen, als sie sich am Anfang selbst verstärken, aber am Ende selbst zunichtemachen. Tatsächlich spielten die staatli-

chen Interventionen zur Bewältigung der periodisch wieder-
kehrenden Finanzkrisen eine entscheidende Rolle beim Heranwachsen einer »Superblase«, die 2007/2008 zerplatzte.

Dabei ist wichtig zu erkennen, dass nicht alle Preisverzerrungen der Reflexivität geschuldet sind. Die Marktteilnehmer müssen ihre Entscheidungen auf der Grundlage von
fehlendem Wissen fällen: Sie müssen eine Zukunft vorherse-
hen, die von den zukünftigen Entscheidungen von Menschen
abhängt. Wie diese ausfallen und sich auswirken werden, ist
nicht genau vorhersehbar. Um die Lage richtig einschätzen zu
können, müssten die Teilnehmer die Entscheidungen sämtli-
cher anderer Teilnehmer und deren Konsequenzen kennen,
aber das ist unmöglich.

Diese Unmöglichkeit versuchte man in der Theorie der
rationalen Erwartungen mit der Voraussetzung zu umgehen,
dass es eine einzig richtige Reihe von Erwartungen gibt, an
die sich die Sichtweise der Menschen annähern wird. Obwohl diese Voraussetzung keinerlei Ähnlichkeit mit realen
Verhältnissen hat, bildet sie die Grundlage für die Finanzöko-
nomie, wie sie heute an den Universitäten gelehrt wird. In der
Praxis müssen die Beteiligten ihre Entscheidungen anhand
unsicherer Verhältnisse treffen. Diese beruhen somit tendenziell auf provisorischen und voreingenommenen Ansichten
und bilden die allgemeine Ursache für die Preisverzerrungen.

Preisverzerrungen setzen gelegentlich einen Boom-Bust-
Zyklus in Gang. Häufiger werden sie allerdings durch eine
negative Rückkoppelung korrigiert. In diesen Fällen bleibt es
bei zufallsbedingten Schwankungen des Marktes. Ich verglei-

che sie mit den Wellen, die in einem Swimmingpool umherschwappen, im Gegensatz zu Gezeitenwellen: Während diese nur periodisch, aber mit großer Wucht an Land schlagen, sind jene klein, aber fast überall präsent. In der Realität spielen beide Arten von Preisverzerrungen ineinander, sodass der Boom-Bust-Prozess selten exakt dem in meinem Modell beschriebenen Verlauf folgt. Dies geschieht nur dann, wenn eine Blase so mächtig heranwächst, dass sie alle zeitgleich ablaufenden Prozesse überdeckt.

Es erscheint mir nützlich, zwischen Verhältnissen der Gleichgewichtsnähe, die sich durch zufällige Schwankungen auszeichnen, und Situationen der Gleichgewichtsferne, bei der eine Blase vorherrscht, zu unterscheiden. Kennzeichnend für Verhältnisse der Gleichgewichtsnähe sind alltägliche Ereignisse, die sich wiederholen und sich deshalb zu statistischen Verallgemeinerungen eignen. Dagegen haben Verhältnisse der Gleichgewichtsferne einzigartige Ereignisse von historischer Bedeutung zur Folge. Deren Ergebnisse sind im Allgemeinen unsicher, haben aber das Potenzial, das alltägliche, statistische Maß zu sprengen.

Die Leitlinien für Entscheidungen unter Bedingungen der Gleichgewichtsnähe verlieren in Situationen der Gleichgewichtsferne ihre Gültigkeit. Die jüngste Finanzkrise ist ein typischer Fall. Sämtliche Instrumente des Risikomanagements und alle synthetischen Finanzprodukte, die unter der Annahme eingesetzt wurden, dass preisliche Abweichungen von einem angeblichen Gleichgewicht eher zufallsbedingt sind, versagten hier. Auch diejenigen, die sich auf die mathematischen Modelle verließen, die sich unter Verhältnissen der Gleichgewichtsnähe als nützlich erwiesen hatten, erlitten Schiffbruch.

Während der jüngsten Finanzkrise habe ich neue Einblicke in Verhältnisse der Gleichgewichtsferne gewonnen. Als Beteiligter musste ich unter einem gewaltigen Zeitdruck agieren, ohne alle verfügbaren Informationen einbeziehen zu können. Und den zuständigen Regulierungsbehörden erging es ebenso. Der Zeitdruck lässt solche Situationen vollends außer Kontrolle geraten.

Dieses Problem beschränkt sich nicht auf die Finanzmärkte. Das habe ich beispielsweise während des Zusammenbruchs der Sowjetunion erfahren. Die Tatsache, dass das Denken der Beteiligten zeitgebunden und eben nicht zeitlos ist, findet in der Theorie der rationalen Erwartungen keine Berücksichtigung.

Obwohl ich mir der Unsicherheit im Zusammenhang mit der Reflexivität bewusst war, hat das Ausmaß der Unsicherheit 2008 sogar mich überrascht. Das kam mich teuer zu stehen. Ich schätzte die generelle Richtung der Märkte richtig ein, unterschätzte aber ihre Schwankungsfreudigkeit. Folglich griff ich zu Anlagepositionen, die zu groß waren, als dass die Ausschläge folgenlos für mich geblieben wären, und musste Positionen mehrfach zur falschen Zeit verringern, um mein Risiko zu begrenzen. Ich wäre besser gefahren, wenn ich zu kleineren gegriffen und diese gehalten hätte. Wie ich schmerzlich erfahren musste, ist auch das Ausmaß der Unsicherheit unsicher und kann bisweilen fast grenzenlos groß werden.

Unsicherheit drückt sich in einer Schwankungsfreudigkeit aus. Eine erhöhte Schwankungsfreudigkeit erfordert eine Verringerung der Risiken. Dies führt zu »einer erhöhten Liquiditätspräferenz«, wie John Maynard Keynes es nannte. Sie kommt als zusätzlicher Faktor zur erzwungenen Liquidation von Positionen, die eine Finanzkrise auszeichnet, hinzu. Wenn die Krise abflaut und die Unsicherheitsmarge wieder schrumpft, erholen sich die Aktienmärkte fast automatisch, da die Liquiditätspräferenz stagniert und schließlich wieder zurückgeht. Auch diese Lektion musste ich in jüngster Zeit lernen.

Ich muss betonen, dass ich die Unterscheidung zwischen Gleichgewichtsnähe und Gleichgewichtsferne eingeführt habe, um in eine verwirrende Realität etwas Klarheit hineinzubringen. Sie gibt die Realität keineswegs exakt wieder. Die Wirklichkeit ist stets komplexer als die Dichotomien, die wir zu ihrer Erklärung einführen. Die jüngste Finanzkrise ist vergleichbar mit einem Jahrhundertsturm. Ihr vorangegangen war eine Serie kleinerer Krisen, die sich mit Stürmen vergleichen lassen, die alle fünf oder zehn Jahre auftreten. Die Aufsichtsbehörden konnten die Auswirkungen der kleineren Stürme erfolgreich beherrschen, aber als sie die gleichen Methoden zur Bewältigung des Jahrhundertturms einsetzten, hatten sie weniger Erfolg.

Diese allgemeinen Hinweise bereiten den Boden für eine spezielle Hypothese, mit der sich die jüngste Finanzkrise erklären lässt. Sie leitet sich nicht von meiner Theorie der Blasen ab, aber jede steht und fällt mit der jeweils anderen.

Meine Hypothese lautet: Das Bersten der Subprime-Blase 2007 führte zum Zerplatzen einer Superblase – gerade so, wie wenn eine vorgeschaltete konventionelle Bombe eine Atombombe zur Explosion bringt. Die Immobilienblase in den USA war eine gewöhnliche Blase, die sich allerdings durch den weit verbreiteten Einsatz von Collateralized Debt Obligations – einer Form forderungsbesicherter Wertpapiere – und anderer synthetischer Instrumente auszeichnete. Hinter ihr jedoch war über längere Zeit hinweg eine weitaus größere Blase herangewachsen: eine Superblase mit ganz besonderen Eigenschaften.

Der vorherrschende Trend bei dieser Superblase war der ständig wachsende Einsatz von Krediten und Fremdkapital. Die vorherrschende Fehleinschätzung war, dass man glaubte, dass Finanzmärkte sich selbst korrigieren und sich deswegen auch selbst überlassen bleiben sollten. US-Präsident Reagan nannte diese Sicht die »Magie des Marktes«. Ich nenne sie Marktfundamentalismus. Sie wurde in den 1980er-Jahren, als Ronald Reagan Präsident der Vereinigten Staaten und Margaret Thatcher britische Premierministerin war, zum vorherrschenden Credo.

Das Besondere an der Superblase war die Rolle, die Finanzkrisen bei ihrem Heranwachsen spielten. Die irrige Annahme, wonach die Märkte getrost sich selbst überlassen bleiben könnten, beschwor eine ganze Serie solcher Krisen herauf. Die erste und gefährlichste war die internationale Bankenkrise von 1982. Ihr folgten viele weitere: am beachtenswertesten waren das Debakel der Portfolioversicherungen vom Oktober 1987, die US-Sparkassenkrise mit Episoden von 1989 bis 1994, die Emerging-Markets-Krise von 1997/1998 und das Platzen der Internetblase 2000. Bei jedem Auftauchen einer Finanzkrise griffen die Finanzbehörden ein, retteten die angeschlagenen Institute durch Fusionen oder auf anderem Weg und stützten mit monetären oder steuerlichen Anreizen die Wirtschaft. Diese Maßnahmen verstärkten den vorherrschenden Trend zu immer höheren Kredit- und Fremdkapitalaufnahmen. Solange sie griffen, verstärkten sie die ebenfalls vorherrschende Fehleinschätzung, wonach die Märkte getrost sich selbst überlassen bleiben können. Um eine Fehleinschätzung handelte es sich insofern, als das System ja nur durch staatliche Eingriffe vor dem Zusammenbruch bewahrt wurde. Gleichwohl wirkten diese Krisen als erfolgreich bestandene Tests für einen Irrglauben und blähten die Superblase als solche immer weiter auf.

Am Ende wurde die Kreditexpansion untragbar und die Superblase platzte. Der Zusammenbruch des Marktes für Subprime-Hypotheken 2007 ließ in rascher Folge einen Markt nach dem anderen kollabieren, da alle miteinander verflochten und Sicherungsmechanismen bei der Deregulierung ausgeschaltet worden waren. Dies unterscheidet die jüngste Finanzkrise denn auch von allen vorangegangenen, die noch als erfolgreiche Tests funktioniert und den Prozess verstärkt hatten. Die Subprime-Krise von 2007 bildete den Umkehrpunkt. Sie gipfelte im Bankrott von Lehman Brothers am 15. September 2008, was schließlich zum groß angelegten Eingreifen der Finanzbehörden führte.

Mein Boom-Bust-Modell zeichnet sich dadurch aus, dass es nicht vorhersagen kann, ob der Trend einen Test erfolgreich bestehen wird oder nicht. Dies gilt sowohl für gewöhnliche Blasen als auch für die Superblase. Ich hatte die Emerging-Markets-Krise von 1997/1998 mit Blick auf die Superblase für den Umkehrpunkt gehalten, mich darin aber geirrt. Die Finanzbehörden konnten das System retten, worauf die Superblase weiter wuchs. Als sie 2007/2008 schließlich platzte, waren die Folgen umso verheerender.

Nach dem Bankrott von Lehman Brothers mussten die Märkte künstlich am Leben gehalten werden. Dies war nicht nur für den Finanzsektor, sondern auch für die Realwirtschaft ein Schock. Besonders schwer traf es den internationalen Handel. Aber die lebenserhaltenden Maßnahmen konnten die Finanzmärkte tatsächlich stabilisieren. Langsam fasste die Wirtschaft wieder Tritt. Im Abstand von einem Jahr erscheint die ganze Episode heute wie ein böser Traum, den die Beteiligten möglichst vergessen wollen. Es herrscht das weit verbreitete Bedürfnis, die Krise als eine von vielen abzutun und zur Tagesordnung überzugehen. Aber die Realität gönnt uns keine Schonung. Das System ist tatsächlich aus den Fugen geraten und muss erneuert werden.

Meine Analyse liefert nützliche Anhaltspunkte für die Art der benötigten Regulierung. Erstens: Da die Märkte zur Bildung von Blasen neigen, müssen vor allem die Finanzbehörden Verantwortung übernehmen und dafür sorgen, dass diese nicht zu groß werden. Alan Greenspan und andere haben diese Aufgabe ausdrücklich abgelehnt. Wenn die Märkte Blasen nicht erkennen können, so seine Argumentation, dann könnten es auch die Aufsichtsbehörden nicht. Damit hatte er recht. Aber die Finanzbehörden müssen trotzdem tätig werden, auch wenn ihnen vollauf bewusst ist, dass sie dabei zwangsläufig Fehler machen werden. Die Märkte werden ihnen ein nützliches Feedback geben und sagen, ob sie des Guten zu viel oder zu wenig getan haben. So können sie ihre Fehler korrigieren.

Zweitens: Um Anlageblasen zu beherrschen, genügt es nicht, die Geldzufuhr zu kontrollieren. Kontrolliert werden muss zudem die Verfügbarkeit von Krediten und dafür reichen die monetären Instrumente nicht aus. Notwendig ist auch eine Kontrolle des Kreditwesens. Die bekanntesten Instrumente sind Mindesteinschusssätze und Mindestkapitalanforderungen. Derzeit werden sie ohne Rücksicht auf die Launen des Marktes festgesetzt, da erst gar nicht davon ausgegangen wird, dass Märkte launisch sind. Da dies aber der Fall ist, müssen die Finanzbehörden die Mindesteinschusssätze und Mindestkapitalanforderungen gezielt *verändern*, um Anlagenblasen unter Kontrolle zu halten.

Auch müssen die Finanzaufsichten neue Instrumente ersinnen oder ausrangierte alte wiederbeleben. Während meiner Anfänge im Finanzsektor vor vielen Jahren wiesen beispielsweise die Zentralbanken die Geschäftsbanken an, ihr Kreditgeschäft in bestimmten Wirtschaftsbereichen – zum Beispiel bei den Immobilien oder den Konsumkrediten – einzuschränken, wenn der Eindruck entstanden war, dass diese sich überhitzten. Marktfundamentalisten halten dies für eine krasse Störung des Marktmechanismus, aber hier irren sie. Als unsere Zentralbanken noch so vorgingen, konnten sie nennenswerte Krisen vermeiden. Die chinesischen Behörden nutzen dieses Instrument noch heute und halten ihr Bankensystem so deutlich besser unter Kontrolle. Die Mindestreserve, die chinesische Geschäftsbanken bei der Chinesischen Volksbank einlegen müssen, wurde während des Booms siebzehn Mal erhöht und die Banken kamen den staatlichen Kurskorrekturen jeweils bereitwillig nach.

Ein weiteres Beispiel ist der Internetboom. Alan Greenspan erkannte ihn ziemlich früh, als er 1996 vom »irrationalen Überschwang« sprach. Aber außer seiner viel zitierten Rede unternahm er nichts, um den Boom zu dämpfen. Eine Drosselung der Geldmenge hielt er für ein zu stumpfes Instrument und hatte damit recht. Aber er hätte die Securities and Exchange Commission, die Kontrollbehörde für den US-Wertpapierhandel, auffordern können, der Emission neuer Aktien eine Sperre aufzuerlegen, da der Internetboom durch Eigenkapitalaufnahmen angeheizt wurde. Dies hätte jedoch gegen seine marktfundamentalistischen Überzeugungen verstoßen. Deshalb blieb er irrigerweise untätig.

Drittens: Da Märkte potenziell instabil sind, bestehen neben den Risiken für die einzelnen Marktteilnehmer auch solche für das System als Ganzes. Die Teilnehmer mögen die systemischen Risiken in der Überzeugung ignorieren, dass sie ihre Positionen jederzeit abstoßen können, nicht aber die Aufsichtsbehörden: Wenn zu viele Marktteilnehmer auf einer Seite agieren, führt die Liquidation von Positionen zwangsläufig zu einem Bruch oder Kollaps. Deshalb müssen die Positionen am Markt unter Beobachtung gestellt werden, um potenzielle Ungleichgewichte aufzuspüren. Das heißt, die Positionen aller größeren Marktteilnehmer, einschließlich Hedgefonds und Staatsfonds, müssen einer Kontrolle unterliegen. Manche Derivate wie Kreditausfallversicherungen und Knock-Out-Optionsscheine tendieren besonders stark dazu, versteckte Ungleichgewichte zu erzeugen. Aus diesem Grund müssen sie Regeln unterstellt und gegebenenfalls auch beschränkt und verboten werden. Die Ausgabe synthetischer Verbriefungen muss wie die konventioneller Wertpapiere der Zustimmung einer Aufsicht unterliegen.

Viertens: Wir müssen anerkennen, dass sich die Finanzmärkte ihrer Richtung nach auf eine Art entwickeln, die unumkehrbar ist. Die Finanzbehörden haben das System pflichtgemäß dadurch vor dem Kollaps bewahrt, dass sie implizit für sämtliche »systemrelevanten« Institute eine Bürgschaft abgegeben haben. Solange es Institute gibt, die zu groß sind, als dass man ihren Zusammenbruch zulassen könnte, würde ein Rückzieher hier einen Verlust an Glaubwürdigkeit bedeuten. Deshalb müssen die Behörden Regelungen durchsetzen, die dafür sorgen, dass die Bürgschaft nicht in Anspruch genommen werden muss. Systemrelevante Banken müssen mit weniger Fremdkapital auskommen und verschiedene Beschränkungen akzeptieren, wie sie das Geld der Einleger investieren. Einlagen dürfen nicht zur Finanzierung des Eigenhandels eingesetzt werden. Aber die Aufsichtsbehörden müssen noch weiter gehen: Sie müssen die Vergütungsstruktur der Eigenhändler so regulieren, dass Risiken und Vergütungen in einem angemessenen Verhältnis zueinander stehen. Dies kann die Eigenhändler von den Banken in die Hedgefonds drängen, wo sie eigentlich hingehören.

So wie die Laderäume von Öltankern zur Stabilisierung durch Schotten unterteilt sind, müssen auch die verschiedenen Märkte durch Schutzwälle gegeneinander abgesichert werden. Eine Trennung von Investmentbanken und Geschäftsbanken, wie sie mit dem Glass-Steagall Act von 1933 vorgenommen wurde, ist wahrscheinlich nicht praktikabel, dennoch sind innere Unterteilungen notwendig, um den Eigenhandel zwischen verschiedenen Märkten voneinander getrennt zu halten. Manche Banken haben inzwischen auch eine Quasimonopolstellung erlangt und müssen vielleicht zerschlagen werden.

Schließlich begingen die Urheber der Basler Abkommen einen Fehler, als sie die von Banken gehaltenen Wertpapiere als erheblich sicherer als gewöhnliche Anleihen bewerteten: Sie haben die systemischen Risiken ignoriert, die konzentrierten Wertpapierpositionen anhaften. Dies hat die Krise maßgeblich verschärft. Bei einer Korrektur müssen die Risiken der von Banken gehaltenen Wertpapiere höher veranschlagt werden, was wahrscheinlich von der Verbriefung von Kreditforderungen abschrecken wird.

Alle diese Maßnahmen werden die Profitabilität und die Fremdkapitalaufnahme von Banken verringern. Dies wirft eine interessante Frage bezüglich des Timings auf. Für dauerhafte Reformen ist es nicht der geeignete Zeitpunkt. Das Finanzsystem und die Wirtschaft sind noch weit von einem Gleichgewicht entfernt und annähernd ausgeglichene Verhältnisse lassen sich auch nicht durch eine einfache Korrektur herstellen – so wie man das Lenkrad eines Wagens, der ins Schleudern geraten ist, auch erst einmal in die Gegenrichtung drehen muss, um ihn wieder auf geraden Kurs zu bringen. Die Maßnahmen, die kurzfristig getroffen werden mussten, sind das genaue Gegenteil von dem, was auf lange Sicht notwendig ist. Zunächst musste das geschwundene Vertrauen durch die einzige Instanz wiederhergestellt werden, die noch Vertrauen genoss: den Staat. So wurde zwangsläufig die Staatsverschuldung erhöht und die monetäre Basis verbreitert. Wenn sich die Wirtschaft stabilisiert, muss der Geldumlauf in dem Maß zurückgefahren werden, in dem die Kreditvergabe wieder in Gang kommt – andernfalls wird die Deflation vom Gespenst der Inflation abgelöst.

Wir stecken noch in der ersten Phase des heiklen Manövers. Die Banken sind dabei, sich aus einem Loch herauszuarbeiten. Ihre Profitabilität zu verringern, wäre zum gegenwärtigen Zeitpunkt direkt kontraproduktiv. Die behördliche Neuregelung muss bis zur zweiten Phase warten, wenn die umlaufende Geldmenge unter Kontrolle gebracht ist. Sie muss sorgfältig dosiert in Phasen erfolgen, damit sie die wirtschaftliche Erholung nicht gefährdet. Aber ein Weiter-so-wie-bisher können wir uns nicht leisten.

Wie Sie gesehen haben, unterscheidet sich meine Interpretation der Finanzmärkte – man könnte sie die Reflexivitätstheorie nennen – klar von der Effizienzmarkthypothese. Gemessen an Poppers Standards ist im strengen Sinne keine der beiden Theorien widerlegbar. Ich hatte das Platzen der Superblase für 1998 vorhergesagt und mich damals geirrt. Habe ich jetzt recht? Manche jedoch verfechten die Effizienzmarkthypothese immer noch – allen Fakten zum Trotz.

Dennoch ist das Gefühl weit verbreitet, dass wir ein neues Paradigma brauchen. Und ich behaupte, dass meine Theorie die Verhältnisse besser erklärt als die verfügbaren Alternativen. Die Verhaltensökonomik, die zunehmend Anerkennung findet, behandelt nur die Hälfte der Reflexivität: die Fehldeutung der Realität. Unbeachtet bleiben die Wege, auf denen Fehlbewertungen die Fundamentalbedingungen verändern können.

Ich bin mir bewusst, dass meine Theorie der Finanzmärkte höchst rudimentär ist und noch viel stärker weiterentwickelt werden muss. Diese Arbeit kann ich natürlich nicht allein leisten. Insofern war es wohl voreilig, meine Theorie als das neue Paradigma zu präsentieren. Die Effizienzmarkthypothese ist jedoch endgültig widerlegt, sodass eine neue Interpretation der Finanzmärkte dringend benötigt wird. Und mehr noch: Die gesamte weltweite Finanzarchitektur, die auf der falschen Annahme errichtet wurde, dass die Märkte sich selbst überlassen bleiben können, muss von Grund auf erneuert werden.

Am Ende dieses Vortrags möchte ich noch etwas bekanntgeben:

Ich habe mich entschlossen, die Gründung eines Instituts für Neues Wirtschaftliches Denken, kurz INET, zu finanzieren. Als große Einrichtung soll dieses Institut Forschungen, Workshops und Lehrpläne fördern, die eine Alternative zum vorherrschenden wirtschaftswissenschaftlichen Paradigma entwickeln. Dafür habe ich für zehn Jahre 50 Millionen Dollar bereitgestellt und hoffe, dass andere das Budget auf 10 Millionen oder mehr Dollar pro Jahr erhöhen werden.

Ich hoffe, dass das Konzept der Reflexivität erforscht wird, wobei es aber natürlich nicht das einzige sein sollte. Ich bin mir bewusst, dass das gleichzeitige Auftreten als Mitspieler und als Sponsor einen Interessenskonflikt birgt. Um ihn zu vermeiden, möchte ich zwischen dem Institut und mir eine chinesische Mauer errichten. Ich werde meine finanzielle Unterstützung über die Central European University laufen lassen und auf eine persönliche Führungsrolle im INET verzichten. Die Jury, die die Stipendiaten auswählen wird, hat die ausdrückliche Anweisung, neben der Theorie der Reflexivität auch Alternativen zu fördern.

Dem Plan nach soll das INET auf einem Workshop ins Leben gerufen werden. Dieser soll am 10. und 11. April 2010 am King's College in Cambridge stattfinden und sich mit den Lehren aus der Finanzkrise befassen. Ich hoffe, dass das neue wirtschaftswissenschaftliche Denken hier an der Central European University ein Zuhause findet.

Danke

Die offene Gesellschaft

Vortragsreihe für die Central European University
26.–30. Oktober 2009

Heute stelle ich Ihnen den dritten Stützpfeiler meiner Grundkonzeption vor, nämlich den Begriff der offenen Gesellschaft. In den vorangegangenen Vorträgen habe ich die Schlussfolgerungen aus meinen lebenslangen Studien und Experimenten zusammengefasst. Hier betrete ich Neuland, denn meine Ansicht über die offene Gesellschaft hat sich mit der Zeit verändert und entwickelt sich immer noch weiter. So haben die beiden folgenden Vorträge denn auch eher Forschungscharakter.

Die Verbindung zwischen der offenen Gesellschaft und der Reflexivität liegt keineswegs auf der Hand. Auf einer persönlichen Ebene sind sie für mich eng miteinander verknüpft. Wie Sie sich erinnern werden, hatte ich während meines Studiums der Wirtschaftstheorie Karl Poppers Buch *Die offene Gesellschaft und ihre Feinde* gelesen. Wegen des Nachdrucks, mit dem Popper auf unsere angeborene Fehlbarkeit hinwies, stellte ich die Grundannahmen der Wirtschaftstheorie infrage und entwickelte das Konzept der Reflexivität.

Auf der Ebene der Begriffe besteht diese Verbindung allerdings nur indirekt. Der erste Stützpfeiler, die Fehlbarkeit, verbindet die anderen beiden miteinander. Fehlbarkeit bedeutet in diesem Zusammenhang nicht nur, dass unsere Ansicht über die Welt stets unvollständig und verzerrt ist, sondern auch, dass wir die höchst komplexe Realität im Bemühen um Vereinfachung häufig missdeuten. Und unsere Fehleinschätzungen spielen eine wichtige Rolle dabei, wie sich Geschichte entwickelt.

Wenn es in meinen Überlegungen etwas wirklich Originelles gibt, so ist es diese Betonung der Fehleinschätzungen. Deren wichtige Rolle liefert ein kraftvolles Argument für das kritische Denken und für die offene Gesellschaft.

Popper lieferte keine exakte Definition für die offene Gesellschaft, da seiner Überzeugung zufolge genaue Festlegungen mit unserer unvollkommenen Erkenntnis unvereinbar sind. Lieber ging er die Dinge aus der entgegengesetzten Richtung an, indem er sie zunächst beschrieb und erst dann mit einem Etikett versah. Die gesellschaftliche Organisation, die er »offene Gesellschaft« nannte, wies eine deutliche Ähnlichkeit zur Demokratie auf.

Das Endergebnis seines Ansatzes war, dass er die Demokratie mit einem erkenntnistheoretischen Argument rechtfertigte: Da der menschliche Verstand immer nur unvollkommenes Wissen erlangt, ist eine auf der Rede- und Meinungsfreiheit beruhende Gesellschaft mit freien Wahlen einer anderen vorzuziehen, die ihre Ideologie mit Gewalt durchsetzt. Mir, der ich den Verfolgungen der Nationalsozialisten und der kommunistischen Unterdrückung ausgesetzt gewesen war, hat dieses Argument unmittelbar eingeleuchtet.

Poppers Philosophie sensibilisierte mich für die Rolle, die Fehleinschätzungen auf den Finanzmärkten spielen. Und dank des Konzepts der Reflexivität konnte ich meine Theorie der Blasenbildung entwickeln. Dies verschaffte mir als Marktteilnehmer Vorteile.

Nach einer erfolgreichen Laufbahn als Hedgefonds-Manager geriet ich in eine Art Midlifecrisis. Ich ging auf die Fünfzig zu. Das Vermögen meines Hedgefonds war auf 100 Millionen Dollar angewachsen, von denen 40 Millionen mir gehörten. Ich hatte das Gefühl, dass ich für mich und meine Familie mehr als genug Geld hatte. Einen Hedgefonds zu betreiben war extrem aufreibend und kräftezehrend. Was machte eine Fortsetzung lohnenswert?

Nach langem Grübeln beschloss ich, eine Stiftung zur Förderung der offenen Gesellschaft zu gründen. Ihr Auftrag sollte darin bestehen, geschlossene Gesellschaften zur Öffnung zu verhelfen, die Defizite offener Gesellschaften zu korrigieren und kritisches Denken zu fördern.

Mit der Zeit engagierte ich mich immer stärker als Philanthrop. 1984 gründete ich – noch zur Zeit der kommunistischen Herrschaft – eine Stiftung in Ungarn, 1986 eine weitere in China und 1987 je eine in Polen und in der Sowjetunion. Beim Zerfall der UdSSR und Jugoslawiens legte ich ein Netzwerk von Stiftungen an, das fast die gesamte ehemalige kommunistische Welt umschloss.

Auf diese Weise erwarb ich praktische Erfahrungen beim Aufbau von offenen Gesellschaften. Ich lernte viel und stieß auf Dinge, die ich schon früher hätte wissen sollen – zum Beispiel, dass der Zerfall einer geschlossenen Gesellschaft nicht unbedingt zur Entstehung einer offenen führt. Der Zerfall kann sich auch fortsetzen und am Ende ein neues Regime hervorbringen, das eher dem alten als einer offenen Gesellschaft ähnelt.

Ein Ereignis hat mich gezwungen, das Konzept der offenen Gesellschaft gründlich zu überdenken: die Wiederwahl von George W. Bush in den Vereinigten Staaten 2004. Die älteste und erfolgreichste Demokratie der Welt verstieß gegen die Prinzipien, für die sie angeblich stand: Sie beteiligte sich im Namen des Antiterrorkriegs an Menschenrechtsverletzungen und marschierte unter Vorspiegelung falscher Tatsachen in den Irak ein. Trotzdem wurde Bush wiedergewählt. Wie war das möglich? Ich musste mich fragen: Was lief in Amerika falsch? In mehreren Büchern versuchte ich Antworten zu geben. Ich beschuldigte die Bush-Regierung, dass sie die Bevölkerung täuschte, und warf der Bevölkerung vor, dass sie sich täuschen ließ.

Ich dachte gründlich nach und begann meine Grundkonzeption infrage zu stellen. Dabei entdeckte ich eine Schwachstelle in meinem Konzept der offenen Gesellschaft. Popper befasste sich hauptsächlich mit den Problemen des Verständnisses der Realität. Er führte zugunsten der offenen Gesellschaft eher ein erkenntnistheoretisches als ein politisches Argument an. Nach ihm verfügte »nur die Demokratie über einen institutionellen Rahmen, der gewaltlose Reformen und damit den Gebrauch der Vernunft in politischen Angelegenheiten ermöglicht«.

Dieser Ansatz beruhte allerdings auf der stillschweigenden Annahme, dass das Denken hauptsächlich dazu dient, ein tiefer gehendes Verständnis der Realität zu erlangen. Aber das war nicht unbedingt der Fall. Die manipulierende Funktion konnte die Oberhand über die kognitive gewinnen. Tatsächlich besteht in einer Demokratie das Hauptziel der Politiker darin, gewählt zu werden und sich an der Macht zu halten.

Diese nahe liegende Erkenntnis warf weitere Fragen zum Konzept der offenen Gesellschaft auf. Wie konnte Popper ganz selbstverständlich davon ausgehen, dass die freie politische Rede darauf abzielt, die Realität zu verstehen? Und was noch merkwürdiger war: Ich selbst räumte der manipulierenden Funktion im Konzept der Reflexivität eine herausragende Stellung ein. Wie kam ich also dazu, Popper hier blindlings zu folgen?

Beide Fragen führten mich zur selben Schlussfolgerung: Unsere Weltsicht ist tief in einer geistigen Tradition verankert, in der die manipulierende Funktion entweder ausgeblendet oder nur als Dienerin der kognitiven Funktion behandelt wird.

Warum sich diese Anschauung so fest etabliert hat, liegt auf der Hand. Das Ziel der kognitiven Funktion ist es, Wissen zu erzeugen. Wissen wird durch Aussagen ausgedrückt, die mit den Fakten übereinstimmen. Damit es eine Übereinstimmung geben kann, müssen die Äußerungen und die Fakten voneinander getrennt und verschieden sein. Deshalb erfordert das Streben nach Wissen eine klare Unterscheidung zwischen den Gedanken und ihrem Gegenstand. Diese Notwendigkeit verleitete die Philosophen, die sich hauptsächlich mit dem Denken befassten, zu der Überzeugung, dass Verstand und Realität vollständig voneinander getrennt sind – ein Dualismus, der in der griechischen Philosophie verankert ist und im Zeitalter der Aufklärung unsere Weltanschauung maßgeblich zu prägen begann.

Die Philosophen der Aufklärung glaubten an den Verstand. Dieser, so die Überzeugung, leuchtete nach Art einer Laterne die vor ihm liegende Realität aus, die passiv ihrer Entdeckung harrte. Die aktive Rolle, die der Verstand bei der Gestaltung der Realität spielen kann, blieb dabei weitgehend unberücksichtigt. Mit anderen Worten: Die Aufklärung verkannte die Bedeutung der Reflexivität. Dabei war die sich daraus ergebende verzerrte Sichtweise auf die Wirklichkeit dem damaligen Zeitalter durchaus angemessen.

Während der Aufklärung wussten die Menschen vergleichsweise wenig über die Kräfte der Natur und beherrschten sie kaum, während die wissenschaftliche Methode grenzenlose Verheißungen bereithielt. Es passte gut, die Realität als etwas zu betrachten, das passiv seiner Entdeckung harrte, und den Verstand als etwas, der sie aktiv zu enträtseln versuchte, noch dazu in einer Zeit, in der nicht einmal die Erde vollständig erforscht war. Fakten zu sammeln und die Beziehungen zwischen ihnen aufzudecken, warf reichlich Erkenntnisse ab. Wissen wurde auf so viele Arten und von so vielen

Richtungen erworben, dass die Möglichkeiten unbegrenzt erschienen. Der Verstand räumte mit jahrhundertealten Vorurteilen und religiösen Dogmen auf und sorgte für ein triumphierendes Gefühl des Fortschritts.

Dabei blieb weitgehend unbeachtet, dass die Reflexivität ein richtiges Verständnis der menschlichen Dinge erschwerte. Die Führer der Französischen Revolution setzten ein übertriebenes Vertrauen in die Vernunft und hofften mit ihrer Hilfe eine von Grund auf neue Gesellschaft zu errichten. Als sich die Gesellschaft jedoch den Diktaten der neuen verstandesmäßigen Ordnung widersetzte, schlug die Euphorie von 1789 in den Terror von 1794 um.

Die Aufklärung missdeutete die Realität, indem sie zwischen Denken und Realität eine Dichotomie einführte, dank derer der Verstand angeblich vollkommenes Wissen erlangen konnte. Diese klare Zweiteilung lag jedoch nicht in der Natur der Sache. Vielmehr war sie von den zeitgenössischen Philosophen in dem Bestreben eingeführt worden, die Realität etwas zu enträtseln.

Der Fehler, den die Philosophen der Aufklärung machten, erhielt einen Namen: Die Postmodernisten nennen ihn »Irrtum der Aufklärung«. Ich übernehme hier diese Bezeichnung, betone aber, dass ich von einem fruchtbaren Irrtum rede, der ein Körnchen Wahrheit enthält.

Was ich mit einem »fruchtbaren Irrtum« meine, möchte ich genauer erklären. Wir können Erkenntnisse gewinnen, verfügen aber niemals über ein ausreichend großes Wissen, um alle unsere Entscheidungen nur aufgrund von Wissen zu treffen. Hat sich eine Erkenntnis als nützlich erwiesen, neigen wir dazu, sie überzubewerten und übertragen sie auf Bereiche, in denen sie nicht mehr gilt. So wird sie zu einem Irrtum.

Einem solchen Irrtum saßen auch die Aufklärer auf. Die Dichotomie zwischen Verstand und Realität funktionierte ausgezeichnet beim Studium der Naturphänomene, führte aber in menschlichen Dingen auf Abwege. Fruchtbare Irrtümer sind – in anderen Bereichen der Geschichte – das, was Blasen auf den Finanzmärkten sind.

Der Irrtum der Aufklärung prägt noch heute unsere Weltanschauung. So stellte Popper die Behauptung auf, dass sowohl für die Natur- als auch für die Sozialwissenschaften dieselben Normen und Kriterien gelten. Auch die Wirtschaftstheorie formierte sich nach dem Vorbild der Newton'schen Physik. Weder Poppers elegantes Modell der wissenschaftlichen Methode noch die Wirtschaftstheorie berücksichtigten die Reflexivität. Und schlimmer noch: Sogar ich, der ich die Reflexivität auf den Finanzmärkten entdeckte – oder erfand –, verkannte, dass Poppers Konzept der offenen Gesellschaft auf der stillschweigenden Annahme beruhte, dass die kognitive vor der manipulierenden Funktion den Vorrang hat – dass wir nach der Wahrheit streben und nicht einfach versuchen, Menschen zu manipulieren und ihnen etwas weiszumachen.

Der Irrtum der Aufklärung bildet auch den Ausgangspunkt der Effizienzmarkthypothese und ihres politischen Derivats, des Marktfundamentalismus. Der Irrtum hinter diesen beiden geistigen Konstrukten kam beim Zusammenbruch des Finanzsystems auf spektakuläre Weise zum Vorschein. Weniger Furore machte meine Entdeckung, dass die offene Gesellschaft eine Schwachstelle hat, da mein Konzept weniger Anhänger hat. Mich persönlich hat sie jedoch erschüttert. Sie zwang mich dazu, das Konzept der offenen Gesellschaft zu überdenken.

Ich glaube nach wie vor an die Nützlichkeit der offenen Gesellschaft, erkenne aber, dass ich meine Überzeugung mit stärkeren Argumenten untermauern muss. Popper ging selbstverständlich davon aus, dass in einer offenen Gesellschaft die kognitive vor der manipulierenden Funktion den Vorrang hat. Ich glaube inzwischen, dass dies erst noch als eine ausdrückliche Forderung an die offene Gesellschaft herangetragen werden muss, wenn sie Erfolg haben soll. Warum, werde ich erklären.

In einer Demokratie zielen politische Reden nicht auf die Entdeckung der Realität (die kognitive Funktion), sondern auf Wahlsiege und den Machterhalt (die manipulierende Funktion) ab. Folglich führt Meinungsfreiheit nicht unbedingt zu einem weitsichtigeren Politikstil als unter einem autoritären Regime, das die Gleichschaltung betreibt.

Erschwerend kommt hinzu, dass es im politischen Kampf zu einem Handicap geworden ist, wenn man die Wahrheit sagt. So verfügte die rechte Bush-Regierung über eine gewaltige Propagandamaschine, deren Betreiber sich an keinerlei Fakten gebunden fühlten. Durch sie verschaffte sie sich einen bedeutenden Wettbewerbsvorteil gegenüber den Politikern des alten Schlages, die noch dem Irrtum der Aufklärung anhingen und sich den Tatsachen verpflichtet fühlten.

Frank Luntz, einer der erfolgreichsten rechten US-Propagandisten räumte offen ein, dass ihm George Orwells *1984* als Lehrbuch zum Schmieden seiner Slogans gedient hatte. Als Anhänger der offenen Gesellschaft war ich entsetzt. Wie konnte Orwells »Neusprech« in einer offenen Gesellschaft so erfolgreich sein wie in einem totalitären Staat mit einem Wahrheitsministerium, das die Bevölkerung mit stalinistischen Methoden auf Kurs hielt?

Dies gab mir einen Hinweis auf die Frage: Was läuft falsch in Amerika? Die Menschen kümmern sich nicht allzu sehr um die Wahrheit. Dank immer raffinierterer Manipulationstechniken sind sie so sehr darauf konditioniert, Täuschungen hinzunehmen, dass sie diese geradezu herauszufordern scheinen.

Sie haben sich daran gewöhnt, manipulierende Botschaften vorgesetzt zu bekommen, sodass hinter gekauften Informationen verdeckte politische Werbung auf fruchtbaren Boden fällt. Unterhaltung interessiert sie mehr als echte Information. So erklärt sich der Einfluss populistischer Kommentatoren wie Bill O'Reilly und Rush Limbaugh.

Die Manipulationstechniken wurden mit der Zeit immer weiter verfeinert. Den Anfang nahm diese Entwicklung im kommerziellen Bereich am Ende des 19. Jahrhunderts, als die Hersteller entdeckten, dass sie höhere Gewinne erzielen konnten, wenn sie ihre Produktpaletten durch Marken diversifizierten und diese mithilfe von Werbung vermarkteten. Eine ganze Industrie entstand, die das Verbraucherverhalten erforschte, Werbebotschaften überprüfte und Fokusgruppen

einsetzte. Sie brachte einen reflexiven Prozess in Gang, der –
via Werbung – das Verhalten der Öffentlichkeit in bestimmte Richtungen lenkte. Die so entstehende Konsumgesellschaft
fasste dann auch in Politik und Kultur Fuß.

Diese Trends unterminierten die stillschweigenden Annahmen, auf denen die Wirtschafts- und die Politikwissenschaft beruhten. So setzte die Wirtschaftstheorie die Bedingungen von Angebot und Nachfrage als gegeben voraus und
führte vor, wie freie Märkte unter Bedingungen eines vollkommenen Wettbewerbs zu einer optimalen Versorgung
mit Ressourcen führten. Die Nachfragekurve hatte dabei allerdings *keinen* völlig unabhängigen Verlauf. Dieser unter-
lag vielmehr der Manipulation durch Werbung. Auch in der
Theorie der repräsentativen Demokratie wurde davon ausgegangen, dass Kandidaten sich und ihre Programme präsen-
tierten, worauf sich die Wähler für diejenigen entschieden,
deren Positionen den ihren am nächsten kamen. Nicht vor-
hergesehen war dabei, dass die Kandidaten die öffentliche
Meinung sondieren und den Wählern anschließend geneh-
me Botschaften verabreichen würden. Beide Theorien blen-
deten so die Manipulierbarkeit der Realität aus.

Die Manipulation der Wirklichkeit wurde als bedeuten-
des Thema auch in der Kunst aufgegriffen. Die Literaturkri-
tik gab schließlich die Anstöße zur Herausbildung einer postmodernen Weltanschauung, die die Aufklärung auf den Kopf
stellte: Die Existenz einer objektiven Realität, die verstandes-
mäßig erkannt werden konnte, wurde jetzt geleugnet und die
Wirklichkeit als ein Sammelsurium oft widersprüchlicher
Erzählungen betrachtet.

Ich hatte die postmoderne Weltanschauung kurzerhand zurückgewiesen, da sie mit meiner Hochachtung vor einer objektiven Realität im Widerstreit lag. Dass zwischen ihr und der Propagandamaschine der Bush-Regierung eine Beziehung bestand, erkannte ich erst, als mir ein Artikel von Ron Suskind im *New York Times Magazine* die Augen öffnete. Suskind zitierte jemanden, der am Schalthebel dieser Maschine saß, mit den Worten: »Wenn wir handeln, schaffen wir unsere eigene Wirklichkeit. Und während Sie diese Wirklichkeit analysieren – umsichtig, von mir aus –, handeln wir wieder und schaffen weitere neue Wirklichkeiten.«

Diese Aussage zwang mich, meine Meinung zu revidieren. Ich musste die postmoderne Position ernster nehmen und erkennen, dass es sich um einen fruchtbaren Irrtum handelte. Dieser war so einflussreich wie der Irrtum der Aufklärung und hatte in der Gegenwart vielleicht sogar ein noch größeres Gewicht. Aber im Gegensatz zu diesem ist der Irrtum der Postmoderne nach meiner Ansicht eher irrig als fruchtbar. Da er der manipulierenden Funktion den Vorrang gibt, leugnet er den harten Kern einer objektiven Realität, der sich eben nicht manipulieren lässt. Und dies wiegt meiner Meinung nach schwerer als die Vernachlässigung der manipulierenden Funktion durch die Aufklärung.

Der Aufklärung zufolge funktionieren Verstand und Realität unabhängig voneinander. Die Menschen können die Realität nur zu ihren Gunsten beeinflussen, wenn sie die Gesetze durchschauen, die den Ablauf der Ereignisse bestimmen. Unter diesen Umständen muss die Entschlüsselung dieser Gesetze selbstverständlich an erster Stelle stehen. Diese Erkenntnis führte denn auch zur Entwicklung der Naturwissenschaften – der bedeutendsten Errungenschaft des menschlichen Geistes. Der Irrtum schlich sich erst da ein, wo es um die Erforschung der menschlichen Dinge ging.

Dagegen ist die postmoderne Weltanschauung *von Grund auf* irreführend. Sie brachte eine moralfreie und pragmatische Herangehensweise an die Politik hervor, die sich wie folgt zusammenfassen lässt: Wir haben entdeckt, dass die Wirklichkeit manipuliert werden kann. Warum also noch der kognitiven Funktion den Vorrang geben? Warum nicht gleich zur Manipulation schreiten? Warum nicht nach der Macht statt nach der Wahrheit streben?

Auf diese rhetorischen Fragen gibt es eine Entgegnung: Die Realität lässt sich manipulieren, aber das Ergebnis weicht tendenziell von dem ab, was der Manipulierende beabsichtigt hat. Und diese Abweichung lässt sich nur mit einem besseren Verständnis der Realität möglichst gering halten. Dieser Gedankengang hat mich auch dazu bewogen, das Streben nach Wahrheit als eine explizite Forderung an die offene Gesellschaft heranzutragen.

Ein konkretes Beispiel kann diesem abstrakten Argument größeres Gewicht verleihen: Die Regierung Bush manipulierte die Realität bemerkenswert erfolgreich. Durch Ausrufung des Kriegs gegen den Terror schaffte sie es, dass sich die Nation hinter den Präsidenten stellte und bereitete so den Boden für einen Einmarsch in den Irak. Aber während diese Invasion die Vormachtstellung der USA in der Welt besiegeln sollte, erreichte sie das genaue Gegenteil. Amerika verlor dramatisch an Macht und Einfluss und George W. Bush gilt weithin als der schlechteste US-Präsident aller Zeiten.

Dieses Beispiel sollte überzeugen. Aber obwohl das Konzept der Reflexivität inzwischen an Anerkennung gewinnt, besteht die Gefahr, dass es im Sinne des postmodernen Irrtums missverstanden wird. Eine reflexive Realität ist sehr schwer durchschaubar, während sich die Menschen von einfachen Antworten nur zu leicht in die Irre führen lassen. Man braucht ein ganzes Leben, um zu der Einsicht zu gelangen, dass eine eingetroffene Vorhersage noch nicht die Gültigkeit der *Theorie* beweist, von der sie abgeleitet wurde. Dagegen ist eine Pseudoinformation, hinter der eine unterschwellige politische Botschaft steckt, in dreißig Sekunden gesendet.

Sich der postmodernen Weltanschauung anzuschließen, hat etwas Verlockendes. Aber die Existenz einer objektiven Realität zu missachten, ist höchst gefährlich. Um sich dies ins Bewusstsein zu rufen, muss man sich nur an die Gewissheit des Todes erinnern. Der menschliche Geist findet sich nur schwer mit der Vorstellung ab, dass er endlich ist, was die Entstehung von allen möglichen Legenden und Mythen erklärt, die sich um ein Leben nach dem Tod ranken. In diesem Zusammenhang hat mich ein Ritual der Azteken erschreckt: Dabei tragen Mannschaften einen Wettkampf mit einem Ball aus, dessen Gewinner den Göttern geopfert werden – ein Extrembeispiel für die Macht dieser Mythen.

Ich muss einräumen, dass man denjenigen, die an ein Leben nach dem Tod glauben, nicht das Gegenteil beweisen kann. Dass der objektive Aspekt der Wirklichkeit große Bedeutung hat, ist meine persönliche Überzeugung, die seltsam einem religiösen Glauben ähnelt. Meiner Deutung nach hat dieser Aspekt zahlreiche Gemeinsamkeiten mit dem Gott der monotheistischen Religionen: Er ist allgegenwärtig und allmächtig, aber die Art seines Wirkens bleibt irgendwie mysteriös.

Bislang hielt ich es für selbstverständlich, dass ich vor dem objektiven Aspekt der Realität große Achtung hatte. Wie ich inzwischen erkennen musste, ist meine Haltung eher ungewöhnlich und hat mit meiner persönlichen Geschichte zu tun.

Die prägende Erfahrung meines Lebens war die Besetzung Ungarns durch die Deutschen 1944. Unter der klugen Führung meines Vaters überlebten wir nicht nur, sondern konnten in einer Lage voller Gefahren sogar anderen helfen. So wurde dieses Schicksalsjahr für mich zu einer positiven Erfahrung, die in mir die Lust weckte, mich der bitteren Realität zu stellen.

Verstärkt wurde diese Haltung durch mein Engagement auf den Finanzmärkten. Stets risikofreudig, reizte ich die Möglichkeiten bis an die Grenzen aus, vermied aber halsbrecherische Abenteuer. Ich wappnete mich gegen unliebsame Überraschungen, indem ich alles, was schiefgehen konnte, in Betracht zog. Ich wählte Anlagen mit Chance-Risiko-Verhältnissen, die selbst unter pessimistischsten Annahmen noch lohnenswert erschienen. So konzentrierte ich mich in jeder Situation eher auf die negative Seite.

Dann wurde ich mit meinen Stiftungen aktiv. Dass ich hier Positives bewirken und Ungerechtigkeiten abmildern

konnte, steigerte meine Bereitschaft, die harte Realität anzu-
erkennen und gegen sie anzugehen. Eine negative Einschätzung gab den Anstoß für ein positives Wirken.

Am Ende widmete meine Stiftung einen Großteil ihrer
Ressourcen scheinbar unlösbaren Problemen wie der Dro-
genpolitik oder hoffnungslos erscheinenden Fällen wie Birma, Haiti, Liberia, Sierra Leone und dem Kongo. Dass die
meisten anderen Stiftungen Kämpfe auf verlorenem Posten
lieber meiden, versteht sich von selbst.

In meinem Denken spielt der objektive Aspekt der Realität die gleiche Rolle, wie sie die Religion im Denken anderer
einnimmt. Da uns vollkommenes Wissen fehlt, brauchen wir
Überzeugungen. Und ich glaube an die harte Realität, wie
andere an Gott glauben.

Trotzdem meine ich, dass sich eine Gesellschaft in Gefahr begibt, wenn sie sich dem objektiven Aspekt der Realität
verschließt. Wenn wir uns – durch Selbst- oder Wählertäu-
schung – um unliebsame Fakten herumzudrücken versuchen,
bestraft uns die Wirklichkeit mit bösen Überraschungen.

Die Realität kann zwar manipuliert werden, aber die Ergebnisse unserer Handlungen richten sich nicht nach unseren
Wünschen, sondern nach einer Außenwelt, deren Funktions-
weisen wir nur unzulänglich durchschauen. Je besser wir sie
verstehen, desto eher deckt sich das Ergebnis mit den Erwartungen. Zum Verständnis der Realität braucht es die kognitive Funktion, die deshalb vor der manipulierenden Vorrang
haben und sie leiten muss. Die objektive, aber nicht vollständig durchschaubare Realität zu ignorieren, führt in den Irrtum der postmodernen Weltsicht.

Wie die vorangegangenen Ausführungen gezeigt haben, lebt die Menschheit der jüngeren Geschichte im Hinblick auf die Beziehung zwischen Denken und Wirklichkeit mit zwei Irrtümern: dem der Aufklärung und dem der Postmoderne. Beide hängen miteinander zusammen. Hatte die Aufklärung das Vorherrschen der Manipulation in der menschlichen Sphäre verkannt, so führte die Entdeckung der manipulierenden Funktion in den Irrtum der Postmoderne. In beiden Fällen wird nur jeweils die eine Hälfte einer komplizierten Beziehung erkannt.

Meine Grundkonzeption, die auf den sich ergänzenden Prinzipien von Fehlbarkeit und Reflexivität beruht, fügt beide Hälften wieder zusammen. Aber während beide Irrtümer bedeutend gewirkt haben, stieß meine Konzeption kaum auf Akzeptanz. Dies zeigt, dass es viel leichter ist, die Realität zu missdeuten, als sie richtig zu verstehen.

Inzwischen ist der Irrtum der Postmoderne auf dem Vormarsch. Er hat die Politik der Bush-Regierung geleitet und ist, wie ich mit Schrecken feststelle, auch in Obamas Regierung eingezogen. Dabei beziehe ich mich auf das kürzlich erschienene Buch von George Akerlof und Robert Shiller, das die Politik der Obama-Regierung beeinflusst hat. Die Autoren preisen die Vorzüge des »Vertrauensmultiplikators«, wie sie ihn nennen. Mit anderen Worten: Sie glauben, die Probleme der Wirtschaft seien dadurch zu beheben, dass man die Finanzmärkte schönredet. Diese Überzeugung ist zur Hälfte wahr: Das Rennen an den Aktienmärkten hat den Banken eine Kapitalbeschaffung ermöglicht und die Wirtschaft auch auf andere Arten gestärkt. Der Vertrauensmultiplikator

[»der wieder Vertrauen schaffende Staat«, Anm. des Übersetzers] ignoriert jedoch die andere Hälfte der Reflexivität: Wenn die Realität die Erwartungen nicht erfüllt, kann das Vertrauen in Enttäuschung umkippen und der Boom zum Flop werden. Es stimmt mich sehr besorgt, dass Präsident Obama auf den Vertrauensmultiplikator gesetzt und die Rezession so zu seiner Sache gemacht hat. Ein Rückschlag wird ihm persönlich angelastet werden.

Diese Diskussion soll zur Verdeutlichung meiner Theorie der Reflexivität beitragen, indem sie diese in einen Zusammenhang mit zwei falschen Deutungen der Realität stellt. Dabei ist etwas hervorzuheben, das noch nicht laut und deutlich geäußert wurde: Es gibt einen harten Kern objektiver Realität, der sich wie die Unausweichlichkeit des Todes nicht manipulieren lässt. Dieser harte Kern wird durch den Irrtum der Postmoderne ignoriert.

Angesichts meiner jüngsten Erfolge wage ich zu behaupten, dass meine Grundkonzeption die *richtige* Interpretation der Realität liefert. Eine kühne Behauptung, die auf den ersten Blick auch noch widersprüchlich erscheint. Wie ist eine richtige Deutung der Wirklichkeit mit dem Prinzip der von Natur aus unvollkommenen Erkenntnis vereinbar? Durch den einfachen Hinweis, dass die Reflexivität sowohl in das Denken der Beteiligten als auch in den Ablauf der Ereignisse ein Element der Unsicherheit einbringt. Eine Grundkonzeption, nach der die Zukunft von Natur aus ungewiss ist, muss sich nicht vorwerfen lassen, dass sie Anspruch auf Vollkommenheit erhebt. Dennoch kann sie wichtige Einblicke in die Realität liefern. Sie kann sogar begrenzt die Zukunft vorwegnehmen, auch wenn diese Grenzen hier ebenfalls unsicher und veränderlich sind, wie wir am Beispiel der jüngsten Finanzkrise gesehen haben. Da meine Grundkonzeption die Unsicherheit einbezieht, ist sie sowohl in sich als auch mit Blick auf die Realität schlüssig. Da sie unvollkommen ist, ist sie auch für Verbesserungen offen.

Tatsächlich sehe ich einen großen Spielraum für ihre Weiterentwicklung. Die Grundkonzeption, die ich unter dem Einfluss Karl Poppers formulierte, behandelte ursprünglich nur die Probleme des Verständnisses der Realität. Mit meiner Forderung an die Wähler, die Wahrheitsliebe zu honorieren und die Täuschung zu bestrafen, habe ich mich jedoch auf das Gebiet der Werte begeben. Auf ihm herrscht noch mehr Unsicherheit als auf dem der Erkenntnis. Aus diesem Grund sind hier weitaus mehr Überlegungen notwendig.

Wie wir gesehen haben, ist die Wahrheit schwierig zu ermitteln und häufig auch schwer zu ertragen. Der Weg des geringsten Widerstands führt oft in die falsche Richtung: Unbequeme Wahrheiten werden gerne umgangen und Täuschungen belohnt, solange sie nur überzeugend erscheinen. Dieser Neigung muss eine offene Gesellschaft widerstehen, wenn sie offen bleiben und gedeihen will.

Diese Regel gilt gegenwärtig vor allem für die Vereinigten Staaten, die sich nach der Finanzkrise mit einer Serie besonders unbequemer Wahrheiten konfrontiert sehen. Das Land hat mindestens ein Vierteljahrhundert über seine Verhältnisse gelebt und kam nur mithilfe ausländischer Kredite über die Runden. Nach dem Platzen der Immobilienblase sind die Verbraucher finanziell am Ende und müssen erst wieder Rücklagen bilden. Das Bankensystem ist zusammengebrochen und die Verantwortlichen müssen sich einen Weg aus der Krise schaufeln.

Die Bush-Regierung hatte die Wähler getäuscht, als sie unter Vorspiegelung falscher Tatsachen in den Irak einmarschierte. Der Regierung Obama kann man zwar keine vorsätzliche Täuschung vorwerfen, aber sie hat es hingenommen, dass sich das Land bitteren Wahrheiten lieber verschließt, und hat auf den Vertrauensmultiplikator gesetzt.

Leider wird die objektive Realität die vom Staat geweckten Hoffnungen eher enttäuschen. Gleichzeitig denkt die politische Opposition bei ihren Angriffen auf den Präsidenten gar nicht daran, sich an Fakten zu halten. Unter diesen Voraussetzungen ist die Forderung an die Wähler, sich stärker am Streben nach Wahrheit zu orientieren, kaum zu erfüllen. Sie liefert eine gute Agenda für meine Stiftung, ist aber für die US-amerikanische Demokratie kaum ein Thema. So ist deren Zustand auch kein gutes Argument für die offene Gesellschaft als der höchsten Form der sozialen Organisation. Hier muss ich ein stärkeres Argument finden.

Bessere Argumente findet man bei einer Rückbesinnung auf die amerikanischen Gründerväter und ihre Anschauungen, die aus einer Zeit lange vor der Formulierung des Konzepts von der offenen Gesellschaft stammen. Die Gründerväter bauten ihren Standpunkt auf dem Wert der individuellen Freiheit auf. Mangelhaft war freilich das erkenntnistheoretische Argument, das sie dabei ins Feld führten. So heißt es in der Unabhängigkeitserklärung der USA: »Wir halten diese Wahrheiten für klar an sich und keines Beweises bedürfend« [dt. Übersetzung von 1849], während diese keineswegs unmittelbar einleuchten. Unabhängig davon ist die Freiheit des Einzelnen jedoch ein dauerhafter Wert, dem ich deshalb begeistert anhänge, weil ich einst selbst totalitärer Willkür ausgeliefert war. Und mit meiner Begeisterung bin ich nicht allein.

Eine Rückbesinnung auf die Gründerväter hat einen weiteren bedeutenden Vorteil: Sie ermöglicht eine Diskussion über das Verhältnis der staatlichen Gewalten untereinander. Die in der Verfassung festgeschriebene Gewaltenteilung schützt vor Tyrannei. Sie trägt der Tatsache Rechnung, dass es in einer Gesellschaft konkurrierende Interessen und verschiedene Deutungen der Wirklichkeit gibt, die in einem politischen Prozess miteinander ausgesöhnt werden müssen. Das verfassungsmäßige System der »checks and balances«, der Machtverschränkung und gegenseitigen Machtkontrolle, schließt von vornherein eine absolute Herrschaft aus, die für sich den Besitz einer letztgültigen Wahrheit beansprucht. In der US-Verfassung sind Mechanismen festgeschrieben, über die die verschiedenen Zweige der Regierung zusammenwirken und sich gegenseitig kontrollieren, aber das genügt nicht.

Die offene Gesellschaft wird nur dann obsiegen, wenn die Bürger der Staatsmacht Paroli bieten können. Notwendig ist ein Rechtsstaat, der die Rede-, Presse- und Versammlungsfreiheit sowie weitere Rechte und Freiheiten garantiert. Nur so können sich Bürger – mithilfe des judikativen Zweiges – gegen Missbräuche der Macht zur Wehr setzen. Auf diesen Fundamenten haben die US-Verfassungsväter eine offene Gesellschaft errichtet.

Ich möchte meine Schlussfolgerung noch deutlicher formulieren: Die offene Gesellschaft ist eine wünschenswerte Form der sozialen Organisation – als Mittel zum Zweck und als Endzweck. Sie versetzt eine Gesellschaft in die Lage, anstehende Probleme zu erkennen und erfolgreicher zu bewältigen, als dies unter anderen Herrschaftsformen möglich ist. Dies *setzt voraus*, dass die kognitive vor der manipulierenden Funktion des Denkens den Vorrang hat und dass die Bürger bereit sind, sich unangenehmen Wahrheiten zu stellen.

Mit anderen Worten: Der Wert der Demokratie als *Instrument* hängt davon ab, dass sich die Wähler dem Streben nach Wahrheit verpflichtet fühlen. In dieser Hinsicht bleibt Amerikas Demokratie gegenwärtig hinter ihren vergangenen Leistungen zurück. Die USA können sich nicht auf eine natürliche Überlegenheit ihres politischen Systems verlassen, es muss sich vielmehr immer neu bewähren. Doch neben ihrem instrumentellen Wert birgt die offene Gesellschaft auch einen Wert an sich: die Freiheit des Einzelnen, die unabhängig vom Erfolg der offenen Gesellschaft Gültigkeit hat. So stellte sie beispielsweise auch in der Sowjetunion einen Wert dar.

Natürlich muss die Freiheit des Einzelnen mit dem öffentlichen Interesse und mit der Freiheit der anderen in Einklang gebracht werden.

Auch ist der Wert der individuellen Freiheit keineswegs unmittelbar erkennbar. Die allgemeine Anerkennung bleibt ihm beispielsweise in China versagt, wo die Interessen des

Kollektivs Vorrang genießen. Dies war bei den Eröffnungs-
feiern zu den Olympischen Spielen 2008 die klare Botschaft.
Die Zeremonie führte vor, dass eine gewaltige Menschen-
menge ein grandioses Spektakel zu inszenieren vermag, wenn
jeder Teilnehmer zu genau dem richtigen Zeitpunkt genau
festgelegte Bewegungen ausführt.

Mit der Verschiebung im Kräfteverhältnis zwischen den
USA und China wird der Wert der individuellen Freiheit als
Thema in unmittelbarer Zukunft an Bedeutung gewinnen.
Darauf werde ich in meinem letzten Vortrag zu sprechen
kommen.

Danke.

Kapitalismus versus offene Gesellschaft

Vortragsreihe für die Central European University
26.–30. Oktober 2009

Heute möchte ich den Konflikt zwischen Kapitalismus und offener Gesellschaft, zwischen den Werten des Marktes und den sozialen Werten, beleuchten. Ich will mich dem Thema indirekt nähern, anlässlich eines Phänomens, auf das ich erst in jüngster Zeit aufmerksam geworden bin, das in meinem Überlegungen aber so wichtig geworden ist, dass ich es fast als die vierte Tragsäule meiner Grundkonzeption bezeichnen könnte. Es geht um das Agenturproblem: Agenten [Auftragnehmer, Anm. der Lektorin] sollen die Interessen ihrer Prinzipale [Auftraggeber, Anm. der Lektorin] vertreten, neigen in Wahrheit aber dazu, vorrangig eigene Interessen zu vertreten.

Die Wirtschaftswissenschaftler haben das Agenturproblem ausgiebig analysiert, allerdings nur im Zusammenhang mit fixen und variablen Vergütungssystemen. Fragen der Ethik und der Werte wurden weitgehend übergangen. Ohne ethische Erwägungen lässt sich das Agenturproblem jedoch kaum in geeigneter Weise analysieren. Werte wie Ehrlichkeit und Integrität spielen eine immer geringere Rolle. Die Menschen lassen sich immer stärker von wirtschaftlichen Anreizen leiten.

Mit seinem Anspruch auf Wertfreiheit hat der Marktfundamentalismus in Wahrheit die ethischen Werte ausgehöhlt.

Angeblich werden die Märkte von einer unsichtbaren Hand geleitet, der sie letztlich ihre Leistungsfähigkeit verdanken. Die Teilnehmer, so die Theorie, müssten sich bei Entscheidungen zum An- oder Verkauf von keinen moralischen Urteilen leiten lassen, da ihre Handlungen die Marktpreise nicht spürbar beeinflussen würden.

In Wahrheit werden die Regeln, die für die Finanzmärkte gelten, von Politikern gemacht, und die sind in einer repräsentativen Demokratie Bestandteil eines Agenturproblems.

Dieses Problem stellt sowohl die Demokratie als auch die Marktwirtschaft vor große Schwierigkeiten, die sich ohne einen Appell an moralische Grundsätze nicht aus dem Weg räumen lassen. Deshalb räume ich dem Agenturproblem in meinem Denken einen so großen Stellenwert ein. Ich werde es also zunächst analysieren und dann den Konflikt zwischen Kapitalismus und offener Gesellschaft behandeln.

Beginnen wir am Anfang: Auf das Agenturproblem stieß ich zunächst im Zusammenhang mit dem sogenannten »Ressourcenfluch«. Gemeint ist die Tatsache, dass gerade rohstoffreiche Länder häufig unter korrupten und repressiven Regierungen, unter Aufständen und Bürgerkriegen leiden: Die Bevölkerung ist ärmer und findet miserablere Lebensbedingungen vor als in weniger wohlhabenden Ländern. Beispiele sind der Kongo, der Sudan, Sierra Leone oder Liberia.

Die von mir unterstützte Nichtregierungsorganisation Global Witness hat eine Kampagne unter dem Motto »Legt offen, was ihr bezahlt« vorgeschlagen. Die Idee war, Öl- und Minenkonzerne dazu zu bringen, ihre Zahlungen an die Regierungen der verschiedenen Staaten offenzulegen. Nach dem Erstellen einer Gesamtrechnung sollten diese dann gegenüber ihrer jeweiligen Bevölkerung Rechenschaft abgeben, wohin diese Einnahmen geflossen sind.

Die Kampagne startete 2002 und hat eine interessante Geschichte. Die Idee erwies sich als ein fruchtbarer Irrtum: Die Öffentlichkeit konnte zwar ausreichend Druck auf die großen Ölkonzerne ausüben, aber die eher im Verborgenen agierenden Betreiber und Firmen, die ihren Sitz in nicht demokratischen Staaten hatten, ließen sich kaum dazu bewegen, ihre Zahlungen bekanntzugeben. Eine umfassende Auflistung der geflossenen Gelder war also unmöglich.

Zum Glück nahm sich die britische Regierung der Sache an und gründete die Extractive Industries Transparency Initiative. Diese »Initiative für Transparenz in der Rohstoffentwicklung« brachte Regierungen, Unternehmen und die Zivilgesellschaften in dem Bemühen zusammen, internationale Standards für Transparenz zu entwickeln, die sowohl für die Regierungen als auch für die Firmen gelten sollten. Die Regierungen der Teilnehmerländer verpflichteten sich, ihre Einkünfte offenzulegen. In Ländern wie Nigeria und Aserbaidschan gibt es bereits positive Ergebnisse.

Bei der Auseinandersetzung mit dem Ressourcenfluch stieß ich auf die große Bedeutung des »asymmetrischen Agenturproblems«, wie ich es nenne. Nach der modernen Vorstellung von Landeshoheit gehören die Rohstoffe eines Staates dessen Bevölkerung, aber die Regierungen, die als deren Agenten auftreten, vertreten vornehmlich eigene Interessen und sichern sich mit allen möglichen korrupten Praktiken Vorteile. Auf der anderen Seite vertreten die Führungen der internationalen Ölkonzerne und Minenbetreiber die Interessen dieser Gesellschaften nur allzu gut. So scheuten sie in der Vergangenheit nicht davor zurück, sich durch die Zahlung von Schmiergeldern an Regierungsbeamte Konzessionen zu erschleichen. Letztlich haben die Bestechenden und die Bestochenen den Ressourcenfluch zu verantworten.

Kaum war ich auf das Agenturproblem aufmerksam geworden, entdeckte ich es überall. Auch der Kommunismus war an ihm zugrunde gegangen. Karl Marx' Forderung »Jeder nach seinen Fähigkeiten, jedem nach seinen Bedürfnissen« war eine bestechende Idee gewesen, die aber daran gescheitert war, dass die kommunistischen Machthaber ihre Interessen über die des Volkes gestellt hatten.

Das Agenturproblem ist auch der Pferdefuß der repräsentativen Demokratie. Die gewählten Volksvertreter nutzen ihre Macht zur Wahrung der eigenen Interessen auf Kosten des Gemeinwohls.

Während der jüngsten Finanzkrise erwies sich das Agenturproblem als ein Stolperstein des Finanzsystems. Als die Finanzingenieure mit der Ausgabe von Collateralizied Debt Obligations (CDOs) Hypotheken in Wertpapiere verwandelten, glaubten sie die Risiken durch eine regionale Streuung senken zu können. In Wahrheit führten sie ein neues Risiko ein, da sie die Interessen der Agenten, die die synthetischen Instrumente kreierten und vertrieben, von denen der Eigentümer dieser Wertpapiere abkoppelten. Die Agenten interessierten sich mehr für ihre Verkaufsprovisionen, als dass sie die Interessen ihrer Prinzipale schützten.

Das Agenturproblem schien allgegenwärtig.

Dennoch fand es trotz seiner vorherrschenden Bedeutung bis vor relativ kurzer Zeit keine Beachtung. In meiner Zeit als Student wurde es fast vollständig übergangen. In den letzten zwanzig Jahren erfuhr das Agenturproblem dann vermehrt Aufmerksamkeit, aber erneut hauptsächlich bei Wirtschaftswissenschaftlern, die sich mit ihm im Zusammenhang mit fixen und variablen Vergütungssystemen befassten. In Wahrheit stellen Agenten eher ein ethisches Problem dar, das verschärft wird, wenn man es unter dem oben genannten Aspekt behandelt. Der Grundsatz, wonach das menschliche Verhalten durch Verträge und Leistungsanreize bestimmt wird, hat dafür gesorgt, dass ethische Betrachtungen eliminiert oder zumindest in den Hintergrund gedrängt wurden. Das mag pervers klingen, aber nur, weil die Reflexivität nicht richtig verstanden wird.

Werte werden weniger stark durch eine objektive Realität bestimmt als kognitive Begriffe. Sie stehen stark unter dem Einfluss der Theorien, denen die Menschen jeweils anhängen. Dafür ist die Wirtschaftstheorie ein gutes Beispiel. Ihr zufolge agieren die Märkte als eine unsichtbare Hand, die die Nachfrage und das Angebot in ein Gleichgewicht bringt. Ihre Effizienz verdankt sie der Tatsache, dass sie nicht von moralischen Urteilen gelenkt wird. Alle Werte lassen sich in den Begriffen des Geldes ausdrücken, das letztlich austauschbar ist. »*Pecunia non olet* – Geld stinkt nicht«, sagten die Römer. Wenn man selbstverständlich davon ausgeht, dass alles menschliche Handeln vom Eigennutz gelenkt werde, ist der Gebrauch eines moralischen Urteilsvermögens überflüssig. Allerdings kann eine Gesellschaft ganz ohne ethische Grundsätze nicht überleben.

Die Marktteilnehmer lassen sich von den Werten des Marktes leiten, die sich von den moralischen Werten, von denen sie sich als Mitglieder einer Gemeinschaft leiten lassen sollen, grundlegend unterscheiden. Dies wirft eine Reihe bislang ungelöster Fragen zum Konflikt zwischen den Werten des Marktes und den sozialen Werten auf. Aus dem Agenturproblem konnte ich neue Aufschlüsse ziehen. Denkanstöße gab mir zudem die kurze Monografie von Bruce R. Scott, *The Concept of Capitalism* (Berlin/Heidelberg 2009). Inzwischen bin ich zu – vielleicht sogar neuen – Schlussfolgerungen gelangt, die mich selbst erschreckt haben.

Nach Scotts Ansicht ist der Kapitalismus dadurch falsch gedeutet worden, dass man ihn mit dem Mechanismus des Marktes gleichgesetzt hat. Diese verzerrte Sichtweise lastet Scott hauptsächlich Milton Friedman an. Ich mache dafür allgemeiner den Markfundamentalismus verantwortlich. Außerdem vertritt der Autor die Meinung, dass hinter der unsichtbaren Hand des Marktes eine andere Hand steht, die durchaus sichtbar ist, nämlich die des politischen Prozesses, durch den die Regeln erstellt und durch den diesen Geltung verschafft wird. Hier kommt das Agenturproblem ins Spiel – und mit ihm der Konflikt zwischen den Markt- und den sozialen Werten.

Die Vereinigten Staaten sind eine demokratische, offene Gesellschaft, die auf der Freiheit des Einzelnen aufbaut, die durch den Rechtsstaat – definiert durch die Verfassung – geschützt ist. Die US-Wirtschaft beruht auf dem Marktmechanismus mit der Möglichkeit für den Einzelnen, in einen freien Austausch einzutreten, ohne unzulässige Einmischung durch staatliche Willkür befürchten zu müssen. Hier gehen die politischen und die wirtschaftlichen Vorgaben anscheinend nahtlos ineinander über. Man kann die offene Gesellschaft und die Marktwirtschaft in einem Atemzug nennen, was viele, so auch ich, denn häufig tun. Aber dieser Anschein trügt. Der Kapitalismus und die offene Gesellschaft, die Werte des Marktes und die sozialen Werten, stehen in einem tiefgreifenden Konflikt miteinander. Dieser Konflikt wurde in den 1980er-Jahren durch die marktfundamentalistische Ideologie, die unter US-Präsident Ronald Reagan die Oberhand gewann, erfolgreich unter den Teppich gekehrt.

Der Marktmechanismus zeichnet sich vornehmlich durch seine *Moralfreiheit* aus: Ein Dollar ist so viel wert wie ein anderer, egal wie er erwirtschaftet wurde. Dies macht die Märkte so effizient: Ihre Teilnehmer müssen keine moralischen Bedenken hegen. In einem effizienten Markt haben Einzelentscheidungen nur marginale Auswirkungen auf die

Preise: Wo ein Teilnehmer nicht an- oder verkauft, springt ein anderer ein, ohne dass dies am Preis viel ändert. Folglich tragen Marktteilnehmer als Einzelne für das Ergebnis nur eine geringe Verantwortung. Dabei darf moralfrei nicht mit unmoralisch verwechselt werden. Auf Vorträgen werde ich vor allem von Studenten oft gefragt, ob ich wegen meiner gewaltigen Gewinne an der Börse ein schlechtes Gewissen hätte. Wenn ich ihnen dann erkläre, dass ich zu der Zeit, als ich noch keine öffentliche Persönlichkeit war und die Märkte nicht beeinflussen konnte, meine Entscheidungen ohne Rücksicht auf moralische Erwägungen traf, stoße ich häufig auf Unverständnis.

Die Märkte eignen sich nur für individuelle, nicht aber für soziale Entscheidungen. Sie bieten den Teilnehmern die Möglichkeit, in einen freien Austausch von Waren oder Dienstleistungen einzutreten, sind aber keine Instanz für die Entscheidungen, nach welchen Regeln die Gesellschaft und der Marktmechanismus funktionieren sollen. Dies ist die Aufgabe der Politik. Man säße einer Täuschungen auf, wenn man die Vorstellung von einem sich selbst regelnden und korrigierenden freien Markt auf die politische Sphäre übertrüge, da ethische Überlegungen damit aus ihr verbannt würden. Aber ohne Ethik kann Politik nicht angemessen funktionieren.

In den USA findet Politik in Gestalt einer repräsentativen Demokratie statt. Das Volk wählt seine Vertreter an die Schalthebel der Macht. Die gewählten Amtsträger sind Agenten mit dem Auftrag, die Interessen der Bürger des Landes zu vertreten. In Wahrheit neigen sie jedoch dazu, ihre Interessen über die der Bevölkerung zu stellen. Zur Finanzierung ihrer Wahlkämpfe sind die Volksvertreter auf Spenden angewiesen, für die sie sich später erkenntlich zeigen müssen. Wer gewählt werden will, muss dieses Spiel mitspielen – mit dem Ergebnis, dass Geld die Politik korrumpiert und Einzelinteressen über das öffentliche Interesse triumphieren.

Im politischen System Amerikas spielte das Agenturproblem von jeher eine Rolle. Es ist Bestandteil der repräsentativen Demokratie. Das Recht, den gewählten Volksvertretern Anliegen vorzutragen, ist in der Verfassung verankert. Verglichen mit dem noch nicht so lange zurückliegenden Jahr 1956, als ich erstmals den Boden der USA betrat, hat sich das Agenturproblem jedoch deutlich verschärft. Wie kam es dazu?

Man könnte historische Gründe verantwortlich machen, wie die wachsende Bedeutung von Einzelinteressen und die Entwicklung ausgeklügelter Methoden zur Manipulation der öffentlichen Meinung. Hauptsächlich verantwortlich ist jedoch ein Niedergang der öffentlichen Moral, der durch den Siegeszug des Marktfundamentalismus begünstigt wurde.

Gerne würde ich glauben, dass sich die Menschen in der Gründerzeit der USA von bürgerlichen Tugenden leiten ließen, aber darauf haben die Gründerväter zum Glück nicht allzu sehr vertraut. Stattdessen bauten sie die Verfassung auf der Gewaltenteilung auf und schufen ein System der gegenseitigen Machtverschränkung und -kontrolle, das die verschiedenen Interessen ausgleicht. Das ist der Grund, warum sich die Verfassung trotz des Niedergangs der allgemeinen Moralvorstellungen noch immer so gut behaupten kann. Als ich 1956 erstmals in die USA einreiste, bekannten sich die

Menschen noch zu inneren Werten wie Ehrlichkeit und Integrität für ihr persönliches Leben – trotz aller Heuchelei ein gewaltiger Unterschied zum heutigen öffentlichen Leben, in dem das Streben nach dem eigenen Vorteil unverblümt zugegeben wird. Erfolg verschafft Bewunderung, ohne Rücksicht darauf, wie er erreicht wurde.

Um keine Missverständnisse aufkommen zu lassen: Ich bin mir bewusst, dass man ab einem bestimmten Alter dazu neigt, die Vergangenheit in allzu rosigen Farben zu schildern, und ich versuche, mich dieser Tendenz entgegenzustellen. Ich behaupte nicht, dass 1956 die Politiker ehrlicher und die Gesellschaft gerechter waren, sondern sehe vielmehr, dass Amerika in Sachen Transparenz, Rechenschaftspflicht und sozialer Gleichstellung seither bedeutende Fortschritte gemacht hat. Der Siegeszug des Marktfundamentalismus hat jedoch zu einem beachtlichen Wandel der Vorstellungen geführt, welches Verhalten gesellschaftlich akzeptabel oder sogar bewundernswert ist. Ich bezeichne dies als einen Niedergang der öffentlichen Moral in dem speziellen Sinn, dass die *Moralfreiheit,* die die Werte des Marktes kennzeichnet, in Bereiche vorgedrungen ist, in die sie nicht gehört.

Marktfundamentalismus definiere ich als die unzulässige Übertragung der Werte des Marktes auf andere gesellschaftliche Sphären, vor allem auf die Politik. Der Wirtschaftstheorie zufolge soll die unsichtbare Hand des Marktes unter Bedingungen eines allgemeinen Gleichgewichts die Bevölkerung optimal mit Ressourcen versorgen. So gesehen, dient das menschliche Streben nach dem eigenen Vorteil indirekt dem öffentlichen Interesse. Eigeninteresse und Gewinnstreben erhalten so eine moralische Qualität, dank derer sie angeblich an die Stelle von Tugenden wie Ehrlichkeit, Integrität und die Sorge um andere treten können.

Dieser Gedanke ist in mehrfacher Hinsicht falsch. Erstens streben die Finanzmärkte nicht nach einem Gleichgewicht. Die Allgemeine Gleichgewichtstheorie kam zu ihren Schlussfolgerungen, indem sie die Bedingungen von Angebot und Nachfrage als unabhängig voneinander annahm. Die unsichtbare Hand des Marktes soll beide in ein Gleichgewicht bringen. Bei diesem Ansatz unbeachtet bleiben freilich die reflexiven Rückkoppelungsschleifen zwischen den Marktpreisen und den zugrunde liegenden Bedingungen von Angebot und Nachfrage. Ebenso ignoriert wird die sichtbare Hand der Politik, die die Rahmenbedingungen festlegt, unter denen sich der Marktmechanismus entfaltet.

Zweitens geht die Allgemeine Gleichgewichtstheorie von einer vorgegebenen Verteilung der Ressourcen aus, womit jeder Gedanke über soziale Gerechtigkeit ausgeklammert bleibt. Am Wichtigsten jedoch: Die Theorie setzt voraus, dass die Menschen ihre Interessen selbst kennen und wissen, wie sie sie am besten vertreten. In der Realität klafft allerdings eine bedeutende Kluft zwischen dem Denken der Menschen und den tatsächlichen Fakten.

Dennoch trat der **Marktfundamentalismus** seinen Siegeszug an. Wie konnte es dazu kommen?

Ein Grund liegt darin, dass die wichtigste politische Forderung des Marktfundamentalismus – dass staatliche Eingriffe in die Wirtschaft auf ein Minimum reduziert bleiben müssen – vernünftiger ist als die Argumente, mit denen diese Forderung verfochten wird. Trotz aller Unzulänglichkeiten des Marktmechanismus zeigt der politische Prozess nämlich noch viel größere Schwächen. Die an der politischen Willensbildung Beteiligten sind fehlbarer als Marktteilnehmer, da sich die Politik um soziale Werte dreht, während die Märkte mit vorgegebenen Werten operieren. Wie wir gesehen haben, sind soziale Werte besonders leicht manipulierbar. Dazu kommt, dass auch auf der Politik das Agenturproblem lastet. Zu seiner Entschärfung müssen alle möglichen Sicherungen eingeführt werden, die die Eingriffe des Staates ins Marktgeschehen deutlich schwerfälliger und bürokratischer machen als die Handlungen privater Teilnehmer. All dies spricht für die Forderung, staatliche Eingriffe in die Wirtschaft auf ein Minimum zu reduzieren.

Der Marktfundamentalismus hat folglich ein falsches Argument an die Stelle eines durchaus fundierten gesetzt. Dass staatliche Eingriffe deshalb auf ein Minimum reduziert bleiben müssen, weil menschliche Konstrukte unvollkommen sind und dass sie bisweilen als das kleinere Übel in Kauf genommen werden müssen, wäre eine vernünftige Position gewesen. Stattdessen lautete die Behauptung, die Fehler staatlicher Eingriffe bewiesen, dass die freien Märkte perfekt funktionierten. Hier versagt schlicht die Logik.

Um es ganz klar zu sagen: Ich verurteile den Marktfundamentalismus als eine gefährliche Irrlehre, befürworte aber die Beschränkung staatlicher Eingriffe in die Wirtschaft auf ein Minimum und dies aus anderen, besseren Gründen.

Der Marktfundamentalismus wird am stärksten dadurch befördert, dass er den Interessen der Eigentümer und der Verwalter des Kapitals dient. Er geht von einer vorgegebenen Verteilung des Wohlstands aus und erhebt das Streben nach dem eigenen Vorteil zu einer dem Gemeinwohl dienenden Kraft. Können diejenigen, die das Kapital beherrschen, von einer Ideologie mehr verlangen? Sie sind eine wohlhabende und einflussreiche Gruppe und in der guten Position, den Marktkapitalismus nicht nur durch kognitive Argumente, sondern auch durch eine aktive Manipulation der öffentlichen Meinung zu fördern. Der Marktfundamentalismus versieht den – seiner Natur nach moralfreien – Marktmechanismus mit einer moralischen Qualität und verkehrt das Streben nach dem eigenen Vorteil in eine bürgerliche Tugend nach Art des Wahrheitsstrebens. Dabei hat ihm nicht Vernunft, sondern Manipulation zum Durchbruch verholfen – dank einer mächtigen und gut finanzierten Propagandamaschine, die der Öffentlichkeit ein verzerrtes Verständnis ihrer Interessen vermittelt. Wie sonst hätte beispielsweise die Kampagne zur Aufhebung der Erbschaftssteuer, von der nur eine Elite von 1 Prozent der Bevölkerung profitiert, so erfolgreich sein können?

Natürlich agieren in der politischen Arena auch konkurrierende Kräfte, die ähnlich manipulierende Methoden nutzen. Diese sind jedoch tendenziell schlechter finanziert, da sie nicht aus den Ressourcen des reichsten und einflussreichsten Segments der Bevölkerung schöpfen können. Das hat dem Marktfundamentalismus in den letzten 25 Jahren zu seinen Triumphen verholfen und dafür gesorgt, dass nicht einmal die Finanzkrise seinen Einfluss schwächen konnte. Dies zeigte sich an der Entscheidung von US-Präsident Obama, bei der Rekapitalisierung der Banken eine Lösung zu umgehen, durch die der Staat eine mehrheitliche Kontrolle über die Geldhäuser gewonnen hätte.

Der Marktfundamentalismus und die Effizienzmarkthypothese müssen sorgfältig auseinandergehalten werden. Man kann als Wirtschaftswissenschaftler durchaus mit dieser Hypothese arbeiten, ohne dass man Marktfundamentalist ist. Tatsächlich finden sich unter den Ökonomen auch viele sozial denkende Liberale. Dennoch beherrscht die Effizienzmarkthypothese die Lehre an den US-amerikanischen wirtschaftswissenschaftlichen Fakultäten. Dies ist der Tatsache geschuldet, dass sie von Kapitalgebern und Stiftungen unterstützt werden, die sich dem Marktfundamentalismus verpflichtet fühlen. Sie zeichnen dafür verantwortlich, dass die Werte des Marktes auf andere Fachgebiete, wie die Rechts- und die Politikwissenschaft, vorgedrungen sind.

Auch wenn der Kapitalismus, anders als einst der Sowjetkommunismus, der offenen Gesellschaft nicht direkt im Wege steht, so birgt er für sie doch ernsthafte Gefahren. Eine habe ich bereits erörtert: Finanzmärkte neigen weniger zu einem Gleichgewicht als vielmehr zur Bildung von Blasen. Da die Mechanismen der Regulierung zerschlagen wurden, ist eine Superblase herangewachsen, die die amerikanische Wirtschaft nach ihrem Platzen noch auf Jahre hinaus belasten wird. Die Erörterung hat weitere Bedrohungen für die offene Gesellschaft offenbart: das Agenturproblem und die finanzielle Einflussnahme auf die Politik, die den politischen Willensbildungsprozess stören.

Der politische Prozess, der in einer offenen Gesellschaft dem Gemeinwohl dienen soll, wird im gegenwärtigen Amerika von Einzelinteressen vereinnahmt. Statt ihren Wählern fühlen sich unsere Volksvertreter eher den Financiers ihrer Wahlkämpfe verpflichtet. Das Schicksal von Präsident Obamas Gesetzentwürfen zur allgemeinen Krankenversicherung und zur Energieversorgung ist dafür ein lebhaftes Beispiel. Hier erfolgte eine so umfassende Gehirnwäsche der Öffentlichkeit, dass eine verantwortungsvolle Diskussion über das Gemeinwohl im Keim erstickt wurde. Die staatliche Gesundheitsfürsorge und die CO_2-Steuer wurden zu Reinfällen. Unsere Entscheidungsmöglichkeiten sind beschränkt auf Lösungen, die zum Spielball von Einzelinteressen werden können.

Das Lobbywesen bildet den Kern des Agenturproblems. Wie kann es unter Kontrolle gebracht werden?

Es geht dabei um eine ethische Frage und nicht um die Veränderung wirtschaftlicher Anreize. Lobbyismus ist lukrativ und wird dies auch bleiben, selbst wenn die Regeln verschärft werden. Ohne ethische Werte werden Regeln stets umgangen werden. Und schlimmer noch: Die Regeln selbst werden so festgelegt werden, dass sie den Interessen Einzelner anstatt dem Gemeinwohl dienen. Mit dieser Gefahr sind die USA angesichts eines angeschlagenen Finanzsektors, der danach strebt, seine einstige Vorherrschaft zurückzugewinnen, heute konfrontiert.

Für das ethische Problem gibt es eine Lösung: Wir müssen zwischen der wirtschaftlichen und der politischen Sphäre eine klare Trennlinie ziehen. Die Marktteilnahme und die Gesetzgebung sind zwei verschiedene Aufgaben. Auf den Märkten, auf denen die Teilnehmer miteinander in einen freien Austausch eintreten können, ist das Streben nach Gewinn legitim. Dagegen müssen die Gesetzgebung und der Gesetzesvollzug dem Gemeinwohl dienen. Das Profitstreben hat hier nichts zu suchen. Wenn Einzelne das Regelsystem zum eigenen Vorteil zurechtzubiegen versuchen, gerät der politische Prozess auf Abwege. Dann verfehlt die repräsentative Demokratie die Ziele, die eine offene Gesellschaft als soziale Organisationsform erstrebenswert machen. Dabei ist zu betonen, dass diese Gedanken der marktfundamentalistischen Haltung – vom »politischen Marktplatz« – unmittelbar widersprechen.

Wie lässt sich der politische Willensbildungsprozess in einer offenen Gesellschaft stärken? Ich schlage eine eher schlichte Regel vor: Die Beteiligten müssen ihre Rolle als Marktteilnehmer von ihrer Rolle als Bürger trennen. Als Marktteilnehmer werden wir nach unserem persönlichen Vorteil streben, während wir uns als am politischen Prozess Beteiligte vom öffentlichen Interesse leiten lassen müssen. Die Rechtfertigung für diese Regel fällt ebenso schlicht aus. Unter den Bedingungen eines fast ungestörten Wettbewerbs kann der Einzelne das Ergebnis kaum beeinflussen. Deshalb wirken sich individuelle Marktentscheidungen nicht auf die gesellschaftlichen Verhältnisse aus, ob sich der Einzelne um das Gemeinwohl sorgt oder nicht. Dagegen betreffen politische Entscheidungen die gesellschaftlichen Verhältnisse. Genau deshalb bedeutet es einen großen Unterschied, ob sie dem öffentlichen Interesse dienen oder nicht.

Die Schwierigkeit liegt allerdings darin, dass sich das Gemeinwohl nicht anhand eines allgemein akzeptierten objektiven Standards bestimmen lässt. Es hängt von den Ansichten der Wähler ab, die sich in Ermangelung objektiver Kriterien leicht manipulieren lassen. Außerdem verstärken sich Manipulationen selbst: Je drastischer politische Behauptungen und ihre Gegendarstellungen formuliert werden, desto schwieriger lässt sich das Richtige vom Falschen unterscheiden. Dies macht den politischen Prozess so ineffizient.

Deutlich besser funktioniert dagegen der Marktmechanismus. Während die Menschen möglicherweise nicht wissen, was gut für sie ist, stellt der Gewinn ein objektives Kriterium für den Erfolg der Marktteilnehmer dar. Kein Wunder, dass das Profitstreben so deutlich die Oberhand über andere leitende Werte gewonnen hat. Gewinne liefern nicht nur die Mittel für das, was Menschen auch immer erreichen wollen – sie sind zudem Selbstzweck, da sie als ein zuverlässiges Maß für Erfolg Achtung und Selbstachtung gelten. So fühlen sich viele erfolgreiche Geschäftsleute beim Geldverdienen auch deutlich besser aufgehoben als beim Genießen ihres Wohlstands.

Die Verbreitung der Marktwerte hat einen gewaltigen wirtschaftlichen Nutzen erzeugt. Blickt man zurück in die Geschichte, zeigt sich ein Christentum, in dem das Gewinnstreben traditionell als Sünde galt. Die Reformation erleichterte die Entwicklung der Märkte und machte den Weg frei für den materiellen Fortschritt und die Anhäufung von Vermögen. Ein tiefgreifender Wandel erfasste die Gesellschaft. An die Stelle traditioneller Bindungen traten vertragliche Beziehungen, die in immer weitere Sphären des gesellschaftlichen Lebens vordrangen. Schließlich wurden sie durch Transaktionen abgelöst. Der Wandel beschleunigte sich immer weiter. Allein in meiner Lebenszeit hat er ein atemberaubendes Tempo vorgelegt.

Zwischen meiner Kindheit in Ungarn und meinem Erwachsenenleben in Amerika liegen dramatische Veränderungen. Ebenso dramatisch verlief der Wandel, der sich seit meiner Ankunft 1956 in Amerika bis heute vollzogen hat. Als ich hierher kam, fiel mir auf, wie viel stärker die Werte des Marktes die Gesellschaft prägten als in meiner Heimat Ungarn oder in England, wo noch traditionelle Werte und Klassenunterschiede vorherrschten. Seither haben sich sowohl England als auch die USA weiter verändert. Die akademischen Berufe in der Medizin, dem Recht oder dem Journalismus sind zum reinen Geschäft geworden, mit einer meiner Meinung nach ebenso destabilisierenden Wirkung auf die Gesellschaft, wie sie der Marktfundamentalismus auf die Finanzmärkte ausgeübt hat.

Welches genaue Maß an Stabilität für eine Gesellschaft wünschenswert wäre, ist durchaus Ansichtssache. Ebenso lässt sich darüber diskutieren, welche Rolle das Gewinnstreben in bestimmten Berufen spielen sollte. *Außer Frage* steht allerdings, dass das Profitstreben in der politischen Sphäre verheerend gewirkt hat, da es das Agenturproblem verschärfte.

W ie kann das Agenturproblem auf ein Minimum reduziert werden? Dass Beteiligte, für die bedeutende Interessen auf dem Spiel stehen, auf Lobbyarbeit im US-Kongress verzichten, hieße zu viel zu erwarten. Die Tabakindustrie stemmt sich zwangsläufig gegen Gesetze gegen das Rauchen. Die Versicherungswirtschaft wird gegen ein einheitliches, staatlich finanziertes Gesundheitssystem zu Felde ziehen. Diejenigen aber, die keine überlebenswichtigen Interessen auf dem Spiel stehen haben, sollten das Gemeinwohl über ihre unmittelbaren Eigeninteressen stellen. Das sogenannte »Trittbrettfahrerproblem«, was bedeutet, dass egoistisch Handelnde vom selbstlosen Verhalten der anderen profitieren, braucht sie nicht zu stören, denn das Ziel *ist* es ja, der Öffentlichkeit zu dienen.

Die Bilanz meines vorigen Vortrags war, dass der kognitiven gegenüber der manipulierenden Funktion des Denkens der Vorrang gebührt. Der Einwand dieses Vortrags lautet: Innerhalb bestehender Regeln ist das Streben nach dem persönlichen Vorteil vollkommen legitim, aber beim Aufstellen dieser Regeln müssen die öffentlichen vor den persönlichen Interessen den Vorrang haben. Ich bin fest davon überzeugt, dass die repräsentative Demokratie besser funktionieren würde, wenn sich nur ein kleiner Teil der Wähler an diese beiden Vorgaben hielte.

I ch möchte mit einem Hinweis in eigener Sache schließen. Was ich hier verfechte, habe ich auch praktiziert. Als Hedgefonds-Manager versuchte ich innerhalb der bestehenden Regeln meine Gewinne zu maximieren. Als Bürger setze ich mich auch dann für bessere Regeln ein, wenn die Reformen meinen persönlichen Interessen zuwiderlaufen. So mache ich mich beispielsweise zusammen mit anderen Finanzinstituten für eine Regulierung von Hedgefonds stark. Unser politisches System würde meiner festen Überzeugung nach deutlich besser funktionieren, wenn mehr Menschen diesem Grundsatz folgten. Da dies aber nicht der Fall ist, glaube ich, dass Stiftungen wie meine eine wichtige Aufgabe erfüllen.

In meinem Open Society Institute haben wir es uns zur Aufgabe gemacht, öffentliche Interessen vor der Einflussnahme durch private zu schützen. Wir unterstützen die Bemühungen der Zivilgesellschaft, von Regierungen Rechenschaft zu verlangen. Diese Anstrengungen bezeichne ich als politische Philanthropie. Diese kann meiner Überzeugung nach einen bedeutenderen Beitrag dazu leisten, die Welt zum Positiven zu verändern als ein konventionelles, rein karitatives Wirken, das weniger Menschen erreicht.

Ich befinde mich in einer privilegierten Position. Ich bin unabhängiger als die meisten anderen, da ich auf keine Klienten oder Kunden Rücksicht nehmen muss. Ich fühle mich moralisch verpflichtet, meine privilegierte Position zu positiven Zwecken einzusetzen. Natürlich steht meinem Engagement die erdrückende Übermacht der Einzelinteressen entgegen, aber zumindest habe ich die Genugtuung, dass ich auch als Minderheit etwas bewirken kann.

Problematisch ist allerdings, dass Einzelinteressen bisweilen im Gewand von Verfechtern des öffentlichen Interesses daherkommen und sich nur mit einem scharfen Auge das Echte vom Falschen unterscheiden lässt – vor allem seit beide Lager gezwungen sind, ihre Interessen mit ähnlichen Überredungsmethoden zu vertreten. Mangels objektiver Kriterien verhilft uns hier nur das Verfahren von Versuch und Irrtum zu einem Urteil. Allerdings tun sich die Wohlmeinenden auf der einen Seite oft schwer damit, zu glauben, dass andere auf der Gegenseite ebenso gute Absichten haben können. Ob dem so ist, findet man am besten heraus, wenn man ihre Äußerungen für bare Münze nimmt und ihre Argumente in der Diskussion auf ihre Substanz hin abklopft, sodass die kognitive Funktion in der politischen Debatte wieder den Vorrang erhält. Wenn die Gegner keine angemessenen Antworten haben, sind sie entlarvt und können ignoriert werden. Kräfte, denen es vornehmlich um Manipulation geht, gibt es in allen Ländern, aber in den USA finden sie leider oft Gehör und haben sich großen Einfluss verschafft. Ob die Wähler sich ihnen und ihren Manipulationsversuchen entziehen können, ist die Bewährungsprobe, der sich jede offene Gesellschaft stellen muss, wenn sie offen bleiben will. Angesichts einer an Orwell gemahnenden Propaganda schneidet Amerika in dieser Hinsicht schlecht ab.

Der politische Prozess, von dem das Land zwei Jahrhunderte lang hervorragend profitiert hat, ist offenbar im Niedergang begriffen. In den USA konkurrierten traditionell zwei Parteien um die politische Mitte, die inzwischen aber zugunsten einer Polarisierung an Bedeutung verloren hat. Präsident Obama hat sich nach Kräften bemüht, eine Trendwende einzuleiten, aber er ist als großer Brückenbauer gescheitert.

Wie eine Demokratie funktioniert, hängt letztlich von den Bürgern ab, die in ihr leben. Meiner Überzeugung nach würde die amerikanische Demokratie besser funktionieren, wenn mehr Bürger ihre Rolle als politische Beteiligte von ihrer Rolle als Marktteilnehmer trennen würden. Hier ist jeder Einzelne gefragt. Ich habe versucht, meiner Verantwortung gerecht zu werden. Schon eine kleine Minderheit kann dazu beitragen, die abgebröckelte politische Mitte wieder aufzubauen.

Danke.

Der Weg nach vorn

Vortragsreihe für die Central European University
26.–30. Oktober 2009

In den vorangegangenen Vorträgen habe ich eine Grundkonzeption für ein besseres Verständnis der von Menschen gemachten Ereignisse dargelegt. Diese werden nicht durch zeitlos gültige wissenschaftliche Gesetze bestimmt. Auch wenn solche Gesetze natürlich beteiligt sind, können sie den Verlauf der Ereignisse allein nicht erklären. Ein Grund dafür ist die Komplexität der Situationen, ein anderer die Rolle, die das Denken der Beteiligten dabei spielt.

Ich habe das Augenmerk auf die reflexive, in beide Richtungen verlaufende Beziehung zwischen dem Denken der Beteiligten und der Realität gelegt. Wichtig war dabei die ursächliche Rolle, die Missverständnisse und Fehldeutungen bei der Gestaltung der Wirklichkeit spielen. Beide Einflüsse, die bislang seltsamerweise vernachlässigt wurden, bringen ein Element der Unsicherheit in das Thema, das – außer bei sehr einfachen Situationen – zuverlässige Zukunftsprognosen unmöglich macht.

Dennoch kann man mit Blick auf das Kommende verschiedene Szenarios entwerfen und die Wahrscheinlichkeit einschätzen, mit der sie tatsächlich eintreten werden. Man kann auch wünschenswerte Ergebnisse vorgeben. Ich habe beides vielfach getan und nehme für mich in Anspruch, in beidem ein Spezialist zu sein: als Investor bei Prognosen und als Philanthrop bei der Vorgabe von Zielen. In meiner früheren Tätigkeit war ich so erfolgreich, dass ich mir die spätere leisten kann. Dieser zweiteiligen Aufgabe möchte ich mich im heutigen Vortrag widmen.

In den augenblicklichen Zeiten ist der Unsicherheitsbereich ungewöhnlich breit. Wir haben soeben die verheerendste Finanzkrise seit dem Zweiten Weltkrieg durchlebt. Sie unterscheidet sich sowohl quantitativ als auch qualitativ von früheren Wirtschaftskrisen und ist nur vergleichbar mit der Krise nach dem Platzen der japanischen Immobilienblase 1991, von der sich Japan bis heute nicht erholt hat, und mit der Großen Depression in den 1930er-Jahren in den USA. Während die japanische Krise auf ein einzelnes Land beschränkt blieb, hat die jetzige die gesamte Welt in ihren Strudel gerissen. Im Gegensatz zur Großen Depression konnte der Kollaps des Finanzsystems zwar abgewendet werden, aber dies gelang nur durch lebensrettende staatliche Maßnahmen.

Tatsächlich sind die Ausmaße des Kredit- und Verschuldungsproblems heute sogar noch größer als in den 1930er-Jahren. 1929 betrug die private Verschuldung in den USA 160 Prozent des Bruttoinlandsprodukts und stieg bis 1932 auf 250 Prozent an. Im Jahr 2008 startete das Land bei einem Wert von 365 Prozent, in den die weithin eingesetzten Derivate, die es in den 1930er-Jahren noch nicht gab, noch nicht einmal eingerechnet sind. Die lebensrettende staatliche Hilfe war jedoch erfolgreich. Knapp ein Jahr nach dem Zusammenbruch von Lehman Brothers haben sich die Finanzmärkte stabilisiert und die Aktienmärkte erholt. Auch die Wirtschaft zeigt Anzeichen einer Erholung. Die Menschen wollen zur Tagesordnung übergehen und den Crash von 2008 als einen bösen Traum sehen, aus dem sie allmählich erwachen.

Leider muss ich Ihnen sagen, dass die Erholung an Schwung verlieren und sogar ein zweiter Absturz folgen könnte – ob 2010 oder 2011 vermag ich nicht sicher zu sagen.

Meine Ansicht ist bei Weitem keine Einzelmeinung, steht aber im Widerspruch zur vorherrschenden Stimmung. Je länger die Wende zum Besseren anhält, desto mehr Beobachter glauben an eine nachhaltige Erholung. Meiner Einschätzung nach hat sich die vorherrschende Stimmung weit von der Realität entfernt. Dies ist typisch für Situationen der Gleichgewichtsferne, in denen die Einschätzungen an den realen Entwicklungen vorbeigehen. Noch komplizierter wird die Lage dadurch, dass die meisten nicht einmal bemerkt haben, dass diese Krise anders als die vorangegangenen ist und dass sie das Ende einer Ära bedeutet. Andere, wie auch ich, wurden von ihrem Ausmaß völlig überrascht.

Die Unwägbarkeiten beschränken sich dabei nicht auf den Finanzsektor, sondern erstrecken sich auf die gesamte internationale Bühne.

Nach dem Zusammenbruch der Sowjetunion blieben die USA als einzige Supermacht übrig. Kein anderer Staat und auch keine Gemeinschaft von Staaten konnte ihnen die Vorherrschaft streitig machen. Diese einpolige Weltordnung etablierte sich jedoch nicht. Mit seinem Bestreben, Amerikas Weltmachtstellung durch den Einmarsch in den Irak, unter Vortäuschung falscher Tatsachen, zu zementieren, erreichte Präsident Bush das Gegenteil von dem, was er beabsichtigt hatte. Die USA büßten dramatisch an Macht und Einfluss ein. Dem Chaos des internationalen Finanzsystems entspricht so die Instabilität in den internationalen Beziehungen. Die am Ende entstehende neue Weltordnung wird nicht mehr im gleichen Ausmaß von den USA beherrscht werden wie die alte.

Um die augenblicklichen Entwicklungen zu verstehen, braucht es eine andere Grundkonzeption als unsere gewohnte. Die Effizienzmarkthypothese betrachtet isoliert die Finanzmärkte und blendet die Politik vollständig aus. Daraus ergibt sich ein verzerrtes Bild. Wie ich mehrfach hervorgehoben habe, wird das Wirken der unsichtbaren Hand der Märkte überlagert vom *sichtbaren* Wirken einer Politik, die die Regeln und Rahmenbedingungen festsetzt, unter denen der Marktmechanismus funktioniert. Meine Grundkonzeption zielt auf die politische Ökonomie, nicht auf die Marktwirtschaft als einem abstrakten Konstrukt, das von zeitlos gültigen Gesetzen gesteuert wird. Für mich sind die Finanzmärkte ein Zweig der Geschichte.

Das internationale Finanzsystem, das nach dem Zweiten Weltkrieg wieder aufgebaut wurde, schuf keine fairen Voraussetzungen. Schon im Entwurf war eine Schieflage eingebaut. Die internationalen Finanzinstitutionen – der Weltwährungsfonds und die Weltbank – waren gleichsam als Aktiengesellschaften organisiert, in denen die reichen Länder über einen unverhältnismäßig hohen Stimmenanteil verfügten und die Führungsgremien kontrollierten. Gegenüber diesem Zentrum waren die Länder am Rand benachteiligt.

Dieses System wurde seit seiner Gründung von den USA dominiert. Auf der Konferenz von Bretton-Woods machte der Brite John Maynard Keynes Vorschläge, gegen die sich Harry Dexter White als Führer der amerikanischen Delegation jedoch durchsetzte. Inzwischen ist dieses einst fast vollständig durchregulierte System zu einem fast komplett deregulierten mutiert. Federführend für den Wandel waren die USA und auch weiterhin wurde das System vom sogenannten »Washington Consensus« angeführt.

Obwohl die auf der Washingtoner Konferenz festgelegten Regeln für alle Länder gleichermaßen gelten sollen, sind die USA – als Emittent der wichtigsten Währung – hier »gleicher« als die anderen. Tatsächlich zeigt das internationale Finanzsystem eine zweigliedrige Struktur: Die Länder, die Kredite in der eigenen Währung aufnehmen können, stehen im Zentrum, während die anderen, die sich Geld in harten Auslandswährungen beschaffen müssen, den Rand bilden. Länder, die in Schwierigkeiten geraten, erhalten Unterstützung, allerdings unter strengen Auflagen. Dies gilt sowohl für die Länder am Rand als auch für die im Zentrum. Gerät aber das Zentrum als Ganzes in Gefahr, gewinnt der Erhalt des Systems vor allen anderen Erwägungen die Oberhand.

Erstmals geschah dies während der internationalen Bankenkrise 1982. Hätte man die Schuldnerländer zahlungsunfähig werden lassen, wäre das Bankensystem zusammengebrochen. Deshalb führten die Gläubigerländer im Verbund »das kollektive System der Kreditgewährung« ein, wie ich es damals nannte. Die Gläubiger wurden zu einer Umschuldung ihrer Forderungen bewogen. Die Schuldnerländer erhielten weitere Kredite, um ihre Verbindlichkeiten zu bedienen. Als Ergebnis gerieten diese tief in die Rezession – Lateinamerika büßte ein Jahrzehnt des Wachstums ein –, aber das Bankensystem stabilisierte sich. Als die Banken ausreichend Reserven gebildet hatten, wurden die Kredite als sogenannte »Brady Bonds« in handelbare Schuldverschreibungen umgewandelt. Die verbleibenden Verluste konnten die Banken verkraften.

Ähnliches geschah 1997, aber bis dahin hatten die Banken Mittel entwickelt, ihre Kredite so abzusichern, dass sie in kein kollektives System der Kreditgewährung gezwungen werden konnten. Das Gros der Verluste blieb an den Schuldnerländern hängen. Dies setzte Maßstäbe: Die Schuldnerländer wurden einer rigiden Marktdisziplin unterworfen, aber sobald das System in Gefahr geriet, wurden die normalen Regeln ausgesetzt: Banken, deren kollektiver Zusammenbruch das System gefährdet hätte, wurden gerettet.

Die Finanzkrise 2007/2008 war insofern anders, als sie im Zentrum entstand und die Länder am Rand erst nach dem Bankrott von Lehman Brothers mit sich riss. Der IWF sah sich mit einer neuen Aufgabe konfrontiert: Er musste den Rand vor einem Sturm zu schützen, der diesmal vom Zentrum ausging. Da ihm dazu das Kapital fehlte, brachten die Mitgliedsländer in einer konzertierten Aktion eine Billion Dollar auf. Dennoch hatte der IWF einige Schwierigkeiten, der Situation Herr zu werden. Er war für die Bewältigung von Problemen im öffentlichen Sektor ausgelegt, während die Kreditverknappung hauptsächlich den Privatsektor betraf. Die neue Aufgabe erfüllt er aber im Ganzen bemerkenswert gut.

Insgesamt bewältigten die internationalen Finanzbehörden diese Krise mit den gleichen Techniken wie die vorangegangenen: Sie stützten die angeschlagenen Geldhäuser und brachten die Wirtschaft mit geldpolitischen und steuerlichen Anreizen wieder in Gang. Die jetzige Krise war jedoch weitaus bedeutender, sodass die Maßnahmen schlechter griffen. Die fehlgeschlagene Rettung von Lehman Brothers veränderte die Spielregeln: Die Finanzmärkte standen am Rande des Zusammenbruchs und mussten künstlich am Leben gehalten werden. Faktisch mussten die Regierungen dafür sorgen, dass keine weitere systemrelevante Bank zusammenbrach. An diesem Punkt griff die Krise auf den Rand über, da die betreffenden Länder keine gleichwertigen Garantien übernehmen konnten. Dieses Mal traf es Osteuropa am stärksten. Die Länder im Zentrum nutzten ihre Zentralbanken, um Geld ins System zu pumpen und für die Verbindlichkeiten der Geschäftsbanken zu bürgen. Die Staaten stürzten sich in Schulden, um in einem nie da gewesenen Ausmaß die Wirtschaft anzukurbeln.

Diese Maßnahmen waren erfolgreich und die weltweite Wirtschaft scheint sich zu stabilisieren. Inzwischen breitet sich die Überzeugung aus, dass das globale Finanzsystem einmal mehr dem Zusammenbruch entgangen ist und wir allmählich zur Tagesordnung zurückkehren können. Hier liegt jedoch eine gravierende Fehldeutung vor. Das fragile internationale Finanzsystem ist nicht mehr zu reparieren. Warum das so ist, werde ich erklären.

Die **Globalisierung der Finanzmärkte,** die ab den 1980er-Jahren einsetzte, war ein marktfundamentalistisches Projekt, das von den USA und Großbritannien vorangetrieben wurde. Das Finanzkapital konnte weltweit ungehindert fließen und nur noch schwer besteuert und reguliert werden. Damit erhielt es eine privilegierte Position. Die Regierungen mussten mehr Rücksicht auf die Forderungen internationaler Kapitalgeber als auf die Bedürfnisse ihrer Bevölkerung nehmen, um das freier fließende Kapital zu binden. Als ein Projekt der Marktfundamentalisten war die Globalisierung so höchst erfolgreich. Die einzelnen Staaten konnten sich ihr nur schwer entziehen. Was dabei herauskam, war allerdings ein grundlegend instabiles globales Finanzsystem, das auf der irrigen Annahme errichtet worden war, dass die Finanzmärkte getrost sich selbst überlassen bleiben könnten. Genau das ist der Grund, warum es zusammengebrochen ist und warum es sich in der alten Form nicht wiedererrichten lässt.

Globale Märkte brauchen globale Regelungen, während die gegenwärtig geltenden Regeln vom Prinzip her in der nationalen Souveränität verankert sind. Auch wenn es internationale Abkommen – an vorderster Stelle die Basler Abkommen zu Mindeststandards bei der Eigenkapitalunterlegung von Banken – und eine gute Zusammenarbeit zwischen den Aufsichtsbehörden gibt, geht die Entscheidungsgewalt letztlich immer vom souveränen Staat aus. Folglich genügt es nicht, einen zum Erliegen gekommenen Mechanismus wieder in Gang zu bringen. Vielmehr muss ein neues Regelwerk geschaffen werden, das es bislang noch nicht gegeben hat. Beim jetzigen Stand der Dinge wird das Finanzsystem jedes Landes von der jeweiligen Regierung aufrechterhalten und gestützt, und zwar hauptsächlich im Interesse der nationalen Wirtschaft. Tendenziell gefördert wird dadurch ein Finanzprotektionismus, der die globalen Finanzmärkte zu stören und vielleicht sogar zu zerstören droht. So wird sich die britische Bankenaufsicht nie wieder auf die isländische verlassen und die Länder am Rand werden sich hüten, sich in die vollständige Abhängigkeit von ausländischen Banken zu begeben.

Ich möchte darauf hinaus, dass die Regelungen einen internationalen Geltungsbereich erhalten müssen. Nur so können die Finanzmärkte global bleiben. Andernfalls würden sie durch die regulatorischen Unterschiede zerstört. Die Geschäftstätigkeit würde sich in die Länder mit dem günstigsten Regulierungsklima verlagern, wodurch andere Länder unvertretbaren Risiken ausgesetzt würden. Die Globalisierung war deshalb so erfolgreich, weil sie alle Länder zur Deregulierung zwang, aber umgekehrt – in Richtung Regulierung – funktioniert dieser Prozess nicht. Es wird schwierig werden, die Staaten auf einheitliche Regelungen festzulegen. Sie haben unterschiedliche Interessen und streben jeweils eigene Lösungen an.

Dies zeigt das Beispiel Europa. Wenn sich schon die europäischen Länder nicht auf ein einheitliches Vorgehen einigen können, wie soll dies dann der übrigen Welt gelingen? Während der Krise wartete man vergeblich auf ein europaweites Abkommen zur Stabilisierung des Finanzsystems. Jedes Land musste sein eigenes stützen. Der Euro ist nach dem Stand der Dinge eine unvollständige Währung. Er hat eine gemeinsame Zentralbank, aber kein gemeinsames Finanzministerium, aber das ist für die Bürgschaften für die Banken und für deren Stützung durch Kapital zuständig. Die Krise bot Gelegenheit zur Abhilfe, aber hier hat sich Deutschland widersetzt.

Bislang galt Deutschland als die treibende Kraft hinter der europäischen Einigung, aber das war in einer Zeit, in der es bereit war, für seine Wiedervereinigung praktisch jeden Preis zu zahlen. Das heutige Deutschland hat sich deutlich verändert. Es steht mit der übrigen Welt im Widerspruch, wenn es darum geht, die Inflation stärker zu bekämpfen als die Rezession; vor allem will es nicht der Zahlmeister Europas sein. Mangels einer treibenden Kraft tritt deshalb die europäische Integration auf der Stelle.

Seine sozialen Sicherungsnetze haben sich für Europa als Glücksfall erwiesen. Sie haben zwar in guten Zeiten das Wachstum gebremst, aber während des Abschwungs auch dafür gesorgt, dass die Rezession im Euroland gedämpfter als erwartet ausfiel. Jetzt, da die Ängste eines wirtschaftlichen Zusammenbruchs geschwunden sind, zeigt die Europäische Union Anzeichen einer politischen Wiederbelebung. Die Europäische Zentralbank hat das irische Bankensystem erfolgreich gestützt, woraufhin Irland dem Vertrag von Lissabon mit großer Mehrheit zugestimmt hat. Leider wird sich jedoch das politische Wiedererwachen der Union voraussichtlich als so blutarm erweisen wie das wirtschaftliche.

Die Finanzkrise hat in den verschiedenen Ländern der Welt unterschiedliche Langzeitwirkungen. Dies wird wahrscheinlich ebenfalls zum Problem werden. Kurzfristig waren alle Länder betroffen, aber langfristig wird es Gewinner und Verlierer geben. Trotz der großen Unsicherheitsfaktoren mit Blick auf die gegenwärtige Entwicklung lassen sich mit hoher Wahrscheinlichkeit einige Gewichtsverlagerungen vorhersagen. So dürften die USA am meisten an Bedeutung verlieren, während China aus der Krise wohl als ein großer Gewinner hervorgehen wird. Schon jetzt übertrifft das Ausmaß der Veränderung die meisten Erwartungen. Auch wenn sich die Stellung anderer Länder verändern wird, so wird die Verschiebung zwischen den Vereinigten Staaten und China global gesehen die bedeutendste sein.

Die USA waren seit dem Zweiten Weltkrieg das Zentrum des internationalen Finanzsystems. Der Dollar diente weltweit als Leitwährung – mit einem gewaltigen Nutzen für das Land, das diese privilegierte Stellung aber in jüngerer Zeit missbraucht hat. So hat es sein Leistungsbilanzdefizit ab den 1980er-Jahren immer weiter erhöht. Diese Entwicklung hätte endlos weitergehen können, da die aufstrebenden asiatischen Staaten, zunächst unter der Führung Japans und dann Chinas, bereit waren, dieses Defizit durch den Ausbau ihrer Dollarreserven zu finanzieren. Dann brachte die ausufernde Verschuldung der amerikanischen Privathaushalte den Prozess zum Stillstand. Als die Immobilienblase platzte, gerieten sie vollends in die Überschuldung. Die Banken erlitten gewaltige Verluste, sodass sich das gesamte System erst wieder stabilisieren muss. Bei den Gewerbeimmobilien und den kreditfinanzierten Unternehmenskäufen steht der Aderlass noch bevor. Diese Faktoren werden die US-Wirtschaft weiter belasten, während der amerikanische Verbraucher nicht mehr die Mittel hat, um als Motor der Weltkonjunktur zu dienen.

Bis zu einem gewissen Grad könnte China an seine Stelle treten. Das Land war der bedeutendste Gewinner der Globalisierung und ist von der Finanzkrise weitgehend verschont geblieben.

Für den Westen im Allgemeinen und für die Vereinigten Staaten im Besonderen war die Krise ein hausgemachtes Ereignis, das zum Zusammenbruch des Finanzsystems führte. Für China war sie dagegen ein von außen kommender Schlag, der zwar die Exporte traf, das finanzielle, politische und wirtschaftliche System aber unangetastet ließ.

China hat eine erstaunlich effiziente Methode entdeckt, um die kreativen, wertschaffenden und unternehmerischen Energien seiner Bürger zu entfesseln. Es lässt dem privaten Gewinnstreben freien Lauf, aber der Staat kann einen bedeutenden Anteil am geschaffenen Mehrwert abschöpfen, indem er auf eine Unterbewertung seiner Währung setzt und so einen wachsenden Außenhandelsüberschuss erzeugt. Auf diese Art ist China wohl der zukünftige große Gewinner.

Das Land ist keine Demokratie. Seine Machthaber sind sich durchaus bewusst, dass sie soziale Unruhen verhüten müssen, wenn sie am Ruder bleiben wollen. Deswegen werden sie alles in ihrer Macht Stehende tun, um das Wirtschaftswachstum bei 8 Prozent zu halten und damit weitere Jobs für ihr wachsendes Arbeitnehmerpotenzial zu schaffen. Dank des Außenhandelsüberschusses verfügen sie hier über bedeutende Möglichkeiten. China kann durch Infrastrukturmaßnahmen die Binnenwirtschaft ankurbeln und durch Investitionen und weitere Kreditvergaben an Handelspartner seine Exporte ausweiten. Dies hat es mit der Finanzierung seiner Exporte nach Amerika durch den Ankauf von US-Staatsanleihen in der Vergangenheit auch getan. Jetzt, da die US-Verbraucher kürzertreten müssen, kann China seine Beziehungen zu anderen Ländern ausbauen. Während die Konjunktur in den USA lahmt, wird China folglich als treibende Kraft der Weltwirtschaft wirken.

Die chinesische Volkswirtschaft ist natürlich deutlich kleiner als die US-amerikanische. Mit einem kleineren Motor bewegt sich die Weltwirtschaft wahrscheinlich in gemächlicherem Tempo voran. In diesen Grenzen jedoch verschieben sich die Gewichte von den USA weg hin zu China, wobei sich dritte Parteien nach der Quelle der positiven Anstöße neu ausrichten werden. Dass diese Verschiebung nicht unbedingt dauerhaft und unumkehrbar sein muss, zeigen der Aufstieg und Fall der Japan AG. Zum gegenwärtigen Zeitpunkt ist dies jedoch der am zuverlässigsten vorhersagbare und bedeutendste Trend in der globalen politischen Ökonomie. Zudem zieht China Handelspartner wie Brasilien und einige afrikanische und asiatische Länder in seinem Aufwärtstrend mit. Auch Indien kommt auf der Grundlage eines Binnenwachstums gut voran.

Ein Erfolg der chinesischen politischen Ökonomie ist keineswegs gesichert. Die Investitionen in die Infrastruktur im chinesischen Hinterland führen nicht zwangsläufig zu einem sich selbst tragenden Aufschwung. Im Reich der Mitte werfen derlei Investitionen gewöhnlich sehr dürftige Erträge ab, da die Investitionsentscheidungen eher von politischen als von ökonomischen Erwägungen diktiert werden. Bei den beiden vorangegangenen Gelegenheiten – damals wurden die Bankzinsen gesenkt – entstand eine Flut fauler Kredite. Diesmal mag es anders ausgehen, da sich die Macht weg von den regionalen hin zu den zentralen Behörden verlagert hat: Die lokalen Vertreter der Banken unterstehen inzwischen nicht mehr der Kontrolle durch die Provinzverwaltung, aber auch hier ist der Erfolg keineswegs gesichert. Zudem könnte ein globales Kräftemessen China in einen Abwärtstrend ziehen. Wenn dieser Riese ins Taumeln gerät, verliert die Weltwirtschaft ihren Motor. Folglich ist ein relativer Erfolg Chinas gesicherter als ein absoluter.

Die gegenwärtigen Verhältnisse sind in mancherlei Hinsicht mit denen am Ende des Zweiten Weltkrieges vergleichbar. Damals musste nach dem faktischen Zusammenbruch des vorherrschenden Systems ein von Grund auf neues errichtet werden. In Bretton Woods zeigten sich die Siegermächte ihrer Aufgabe gewachsen. Unter den maßgebenden Anstößen von Lord Keynes errichteten sie ein System, in dem die USA zwar eine privilegierte Position besetzten, das aber auch die gesamte übrige Welt integrieren konnte. Das heute vorherrschende multilaterale System – man könnte es den »internationalen Kapitalismus« nennen – hat noch keinen kompletten Zusammenbruch erlitten, ist aber deutlich geschwächt. Es hat seine strukturellen Mängel offenbart und wird von einer gangbaren Alternative infrage gestellt. Das aufstrebende China liefert das Modell einer ökonomischen Organisation, die sich vom gegenwärtigen internationalen Finanzsystem stark unterscheidet. Es ließe sich mit dem Etikett »Staatskapitalismus« versehen und zeigt deutliche Unterschiede zu dem internationalen Kapitalismus, wie ihn der Washington Consensus verficht. Wir stehen am Ende einer Ära, auch wenn uns das bislang noch nicht voll bewusst ist.

Die beiden Formen der wirtschaftlichen Organisation – Staatskapitalismus und internationaler Kapitalismus – konkurrieren miteinander. Beide sind wenig attraktiv. Der Washington Consensus ist gescheitert. Der internationale Kapitalismus in seiner gegenwärtigen Form hat sich als grundlegend instabil erwiesen, da eine angemessene Regulierung fehlt. Er ist besonders ungerecht, da er die Besitzenden gegenüber den Besitzlosen begünstigt.

Demgegenüber würde ein internationales, auf dem Staatskapitalismus beruhendes System unweigerlich zu zwischenstaatlichen Konflikten führen. Erste Anzeichen eines

Konflikts zeigen sich schon jetzt, da China – eine Ironie der Geschichte – im Umgang mit den rohstoffreichen Ländern die einstigen Fehler der Kolonialmächte wiederholt, während diese aus ihnen gelernt haben und sie zu korrigieren versuchen. Um an Rohstoffe zu kommen, einigt sich China ohne Rücksicht auf die Interessen der Bevölkerung mit repressiven und korrupten Machthabern, die sich dadurch besser an der Macht halten können. China wurde jedoch zu diesen unerfreulichen Schritten auch ein Stück weit getrieben: So bekam ein chinesisches Unternehmen eine Abfuhr, als es den kalifornischen Energiekonzern Unocal kaufen wollte. In jüngerer Zeit platzte ein weiterer Deal, bei dem ein anderes chinesisches Unternehmen einen Anteil an dem australischen Bergbauriesen Rio Tinto erwerben wollte. China wurde so zu Verhandlungen mit Ländern gezwungen, die von den internationalen Finanzinstitutionen gemieden werden, unter ihnen Birma, der Sudan, Simbabwe, der Kongo und Angola. Das jüngste Beispiel ist Guinea. Die so entstehenden Spannungen können Chinas Interessen und mehr noch denen der übrigen Welt schaden. China sieht sich jedoch als die gekränkte Partei und zögert nach wie vor, der Initiative für Transparenz in der Rohstoffentwicklung (EITI) beizutreten. Sein Widerstand ist das größte Hindernis für den nachhaltigen Erfolg dieser Initiative.

Während sich das vorherrschende multilaterale System am eigenen Wiederaufbau versucht, wird China auf bilateraler Basis seinen Einfluss ausweiten. China ist zwar Teil des multilateralen Systems, besetzt dort aber eine Position, die nicht seine gegenwärtige Stärke widerspiegelt. Deswegen nimmt es an den internationalen Finanzinstitutionen eher passiv teil, während seine Geltung über bilaterale Kanäle wahrscheinlich weiter wachsen wird. So wird China beispielsweise die Rolle des Dollars kritisieren und für eine größere Bedeutung von Sonderziehungsrechten (SZR) eintreten, sich aber einer freien Konvertierbarkeit des Renminbi widersetzen, da dessen jetzige Unterbewertung einen Exportvorteil bringt, der sich positiv auf die Staatseinnahmen auswirkt. Es wird seine Kapitalverkehrskontrolle aufrechterhalten, aber mit Ländern wie Brasilien bilaterale Clearing-Konten in Renminbi einrichten. Der Dollar wird so an Bedeutung einbüßen, aber ohne seinen Status als Leitwährung zu verlieren.

Fassen wir zusammen: Die Welt steht vor einer Entscheidung zwischen zwei grundlegend verschiedenen Formen der wirtschaftlichen Organisation, dem internationalen Kapitalismus und dem Staatskapitalismus. Der zuerst genannte, für den die USA stehen, ist zusammengebrochen, und der zweite, der durch China vertreten wird, ist im Aufstieg begriffen. Der Weg des geringsten Widerstands führt zu einer schrittweisen Auflösung des bislang bekannten internationalen Finanzsystems. Ein System bilateraler Beziehungen könnte allerdings eine potenzielle Quelle für Spannungen zwischen den Staaten sein. Folglich bedarf es eines neuen multilateralen Systems, das auf besser funktionierenden Prinzipien aufgebaut werden müsste. So wäre den Interessen der USA und Chinas, aber auch denen der übrigen Welt am ehesten gedient.

Eine internationale Kooperation ist hier fast unmöglich, wenn sie als Stückwerk angestrebt wird. Notwendig ist vielmehr ein großer Wurf, bei dem die gesamte Finanzarchitektur neu geordnet wird. Der Zusammenschluss der Gruppe der wichtigsten Industrie- und Schwellenländer (G20) zum wichtigsten Forum für internationale Zusammenarbeit sowie das in Pittsburgh verabschiedete gegenseitige Überprüfungsverfahren (Peer-Review) sind hier Schritte in die richtige Richtung. Die G20 ist jedoch bei ihrem Vorgehen noch auf die Statuten des Internationalen Währungsfonds festgelegt, und deren Veränderung ist ein langer und zäher Prozess.

Ein Befreiungsschlag könnte von einer neuen Bretton-Woods-Konferenz kommen. Diese könnte den IWF so umstrukturieren, dass er die tatsächliche Rangordnung zwischen den Staaten besser widerspiegelt, und dessen Arbeitsmethoden erneuern. Festgelegt werden könnte dabei auch die Art des Umgangs mit Finanzinstituten, die wegen ihrer schieren Größe auf alle Fälle vor einem Zusammenbruch bewahrt werden müssen. Neue Regeln zur Kontrolle der Kapitalströme müssten in Betracht gezogen werden. Die völlige Bewegungsfreiheit des Kapitals auf weltweiter Ebene hat zu Instabilität geführt und muss deswegen eingeschränkt werden.

Vor allem muss das internationale Währungssystem reformiert werden. Die Nutzung des Dollars als Leitwährung hat gefährliche Ungleichgewichte geschaffen. Die US-Währung hat stark an Vertrauen eingebüßt, ist derzeit aber in ihrer Position durch kein anderes Zahlungsmittel zu ersetzen. Die gegenwärtige allgemeine Fluchtbewegung aus den Devisen in

Gold, Rohstoffe und andere Sachwerte stellt eine schädliche Entwicklung dar, da sie diese Vermögenswerte der produktiven Nutzung entzieht und Inflationsängste schürt.

Die USA sollten nicht vor einem verstärkten Einsatz von Sonderziehungsrechten (SZR) zurückscheuen. Dies könnte China veranlassen, die Koppelung seiner Währung an den Dollar aufzugeben. Dies wäre der beste Weg, um die internationalen Ungleichgewichte zu vermindern. Da der Wechselkurs der SZR durch verschiedene Währungen festgelegt ist, erhielte keine der einzelnen Währung einen unfairen Vorteil.

Dieser Währungskorb der SZR müsste um weitere Währungen – darunter den Renminbi – ergänzt werden, ohne dass diese unbedingt frei konvertierbar sein müssten. Eine umsichtige Geldpolitik vorausgesetzt, könnte sich der Dollar dabei erneut als bevorzugte Reservewährung etablieren.

Ein großer Vorteil der Sonderziehungsrechte besteht darin, dass sie die internationale Bereitstellung von Krediten ermöglichen, was in der gegenwärtigen Lage besonders nützlich wäre. Die Mittel könnten dahin vergeben werden, wo sie am dringendsten gebraucht würden – eine bedeutende Verbesserung gegenüber der gegenwärtigen Praxis. Reiche Länder, die keine zusätzlichen Reserven benötigen haben bereits jetzt die Möglichkeit, ihnen zugewiesene Sonderziehungsrechte auf bedürftige Länder zu übertragen, was auch schon in geringem Maß praktiziert wurde.

Innerhalb der bestehenden Weltordnung muss jedoch wohl mehr verändert werden als nur das Finanzsystem, wenn wir bei der Lösung globaler Probleme wie der Erderwärmung und der Verbreitung von Nuklearmaterial vorankommen wollen. Änderungen muss es aber auch bei den Vereinten Nationen, vor allem bei der Besetzung des Sicherheitsrats geben.

Angestoßen werden muss dieser Prozess von den USA, aber China und andere Schwellenländer müssen als gleichberechtigte Partner daran teilnehmen. Diese arbeiten in den Bretton-Woods-Institutionen nur widerwillig mit, da sie hier von Ländern dominiert werden, die ihre Vormachtstellung in der Weltwirtschaft verloren haben. Nur ihre Einbeziehung in den Aufbau der neuen Ordnung bietet eine Gewähr, dass sie diese auch aktiv unterstützen.

Warum sollten die USA den Umbau eines Systems anstoßen, dessen wichtigste Nutznießer sie waren? Die Antwort ist, weil das System in der gegenwärtigen Form nicht überlebensfähig ist und die USA mehr zu verlieren haben, wenn sie nicht an vorderster Front an seiner Reform mitwirken. Unter der Präsidentschaft George W. Bushs haben sie ein hohes Maß an Macht und Einfluss eingebüßt. Ohne eine weitblickende Führung wird ihre Machtposition in der Welt wahrscheinlich weiter erodieren. Die USA sind jedoch noch immer eine Führungsmacht. Sie können anderen – anders als die Bush-Regierung wollte – nicht mehr ihren Willen aufzwingen, aber sie könnten sich an die Spitze gemeinschaftlicher Anstrengungen stellen, an denen sich neben der entwickelten Welt auch die Entwicklungs- und Schwellenländer beteiligten. So würde Amerika seine Führungsrolle auf eine akzeptable Art und Weise zurückgewinnen.

Warum sollte sich China einem neuen multilateralen System unterwerfen, obwohl es aus den gegenwärtigen Turbulenzen als Gewinner hervorgehen wird? Die Antwort ist ebenso einfach: Um weiter aufzusteigen, muss China in der übrigen Welt Akzeptanz gewinnen. Es muss sich zu einer offeneren Gesellschaft entwickeln, in der mehr individuelle Freiheiten und Rechtstaatlichkeit herrschen. Angesichts der gegenwärtigen militärischen Kräfteverhältnisse kann es seine Stellung nur in einem friedlichen Umfeld weiter ausbauen, in dem die übrige Welt seinen Aufstieg akzeptiert.

Schon um des Weltfriedens willen ist es wichtig, dass die USA in einer neuen Weltordnung ihren Platz finden. Eine niedergehende Supermacht, die ihre politische und wirtschaftliche, nicht aber ihre militärische Vormachtstellung einbüßt, stellt eine brisante Mischung dar.

Wie ich zu zeigen versuchte, steckt Amerikas Demokratie in der Krise. Die Finanzkrise hat einer Bevölkerung, die sich nur ungern auf kommende Einschränkungen einstellt, schwere Zeiten auferlegt. Präsident Obama hat den Vertrauensmultiplikator eingesetzt und behauptet, er habe die Rezession eingedämmt. Ein erneuter konjunktureller Einbruch würde die Bevölkerung für jede Art von Hetze und Demagogie empfänglich machen. Sollte Obama scheitern, gerät die nächste Regierung in die große Versuchung, von den innerpolitischen Schwierigkeiten mit aufgebauschten Szenarien abzulenken – mit höchst gefährlichen Folgen für die Welt.

Präsident Obama hat die richtige Vision, braucht aber mehr Weitblick. Er glaubt eher an eine internationale Kooperation als an die Bush-Cheney-Ideologie, wonach die Macht das Recht sei. Er kämpft jedoch mit einer Vielzahl drängender Probleme. Eine radikale Neuausrichtung des internationalen Finanzsystems hat auf seiner Agenda nur eine untergeordnete Priorität. Einige seiner Wirtschaftsberater glauben offenbar immer noch, dass die Effizienzmarkthypothese nur einmal in 100 Jahren durch die Ereignisse widerlegt würde. Die überlebenden Finanzinstitute sind wettbewerbsfähiger denn je und können einer systematischen Erneuerung, die ihre Macht einschränkt, auf jeden Fall standhalten. Was fehlt, ist die allgemeine Einsicht, dass das System am Ende ist und neu erfunden werden muss. Aus diesem Grund ist es so wichtig, dass die Theorie der Finanzmärkte, die ich in diesen Vorträgen umrissen habe, mehr Akzeptanz gewinnt.

Einen noch weiter reichenden Blick als Präsident Obama benötigt die chinesische Führung: Sie sitzt am Steuer des Wagens. Wenn sie ihn in Richtung einer offeneren Gesellschaft lenkt, muss sie auf manche Privilegien verzichten. Derzeit ist die chinesische Öffentlichkeit noch bereit, die individuelle Freiheit der politischen Stabilität und dem wirtschaftlichen Fortschritt unterzuordnen, aber dies wird wohl nicht ewig so bleiben. Die Korruption ist ein großes Problem. Zu seiner Eindämmung braucht das Land Rechtsstaatlichkeit, damit die Bürger die Obrigkeiten kritisieren und Machtmissbräuche verhindern können.

China muss eine offenere Gesellschaft werden, um in der übrigen Welt mehr akzeptiert zu werden, in der die Freiheit des Einzelnen stets mehr gelten wird als der Wohlstand des chinesischen Staates. Bei seinem Aufstieg zu einer führenden Weltmacht muss China lernen, der Meinung der übrigen Welt größeres Augenmerk zu schenken. Möglicherweise verlaufen die Ereignisse jedoch zu rasant, als dass sich die chinesische Führung auf die Entwicklung einstellen könnte. Zu sehr ist man in China gewohnt, sich als Opfer des Imperialismus zu fühlen, als dass man erkennen könnte, dass das Land allmählich selbst eine imperialistische Stellung einnimmt. Das erschwert seinen Umgang mit Afrika und den eigenen ethnischen Minderheiten. Ich hoffe, dass sich die chinesische Führung der Entwicklung gewachsen zeigen wird. Davon hängt – ohne Übertreibung – die Zukunft der Welt ab.

Danke.

Über den Autor

George Soros ist der Vorsitzende des *Soros Fund Management* und der Begründer eines weltumspannenden Netzwerks von Stiftungen, die sich der Förderung offener Gesellschaften widmen. Er hat zahlreiche Bestseller verfasst. In jüngster Zeit erschien *Das Ende der Finanzmärkte und deren Zukunft*. Soros wurde in Budapest geboren und lebt heute in der Stadt New York.

Register

I

Die Analyse der Finanzkrise...

George Soros

In gewohnt souveräner Manier **analysiert** George Soros in diesem Buch weniger die Entwicklungsschritte hin zum derzeitigen Finanzdebakel, sondern richtet viel mehr den Blick nach vorne: Erstens schlägt er in Form eines „Programms zur wirtschaftlichen Erholung" ganz konkrete, eigenständige **Antworten auf die derzeitige Krise** vor, die sowohl eine Veränderung des Banken- und Finanzsystems als auch neue Wege in der Energiepolitik vorsehen. Zweitens diskutiert er die Auswirkungen der Krise und beleuchtet ihre Bedeutung im Zusammenhang weltweiter Marktverflechtungen. Auch scheut sich der **umstrittene Meisterspekulant und Börsenphilosoph** nicht davor, Prognosen zu formulieren, die helfen, die hochdynamische Finanzrealität einzuordnen.

144 Seiten | Hardcover | 14,90 € (D) | 15,40 € (A) | sFr. 26,90 | 978-3-89879-500-5
Mehr Informationen zu Investmentthemen finden Sie unter www.portfoliojournal.de

Das Ende der Finanzmärkte - und deren Zukunft

George Soros

George Soros ist der Meinung, dass die aktuelle, durch das Platzen der Immobilienblase in den USA ausgelöste Finanzkrise das Ende des Zeitalters der Kreditexpansion markiert. Diese gegenwärtige Krise ist weit gravierender als alle, die seit dem Ende des Zweiten Weltkriegs auftraten. Zwar widersprechen viele Notenbankchefs und Politiker den Thesen des unbequemen Megaspekulanten, doch die jüngsten Ereignisse bestätigen die Erkenntnisse von Soros auf erschreckende Weise. In seinem Buch beschreibt er detailliert die Ursachen des Debakels, die gravierenden Fehler der Banker und warum die Kreditkrise noch lange nicht ausgestanden ist. Aufschlussreich, durchdacht – absolut lesenswert!

174 Seiten | Hardcover | 24,90 € (D) | 25,60 € (A) | sFr. 42,90 | 978-3-89879-413-8
Mehr Informationen zu Investmentthemen finden Sie unter www.portfoliojournal.de

Die Ära der Fehlentscheidungen

George Soros

George Soros rechnet ab: »Das größte Hindernis für eine stabile und gerechte Weltordnung sind die Vereinigten Staaten.« Seiner Meinung nach sind die USA zu einer »Wohlfühlgesellschaft« geworden, die nicht bereit ist, sich mit der unangenehmen Realität auseinanderzusetzen. Solange sich diese Wohlfühlhaltung nicht ändert, sind die USA dazu verurteilt, ihre Vormachtstellung in der Welt zu verlieren. Und das wird nicht nur für die USA selbst, sondern für die ganze Welt schwerwiegende Konsequenzen haben.

Denn: Es gibt auf absehbare Zeit keine andere Nation auf der Welt, die den Platz der USA einnehmen könnte.

276 Seiten | Hardcover | 29,90 € (D) | 30,80 € (A) | sFr. 48,90 | 978-3-89879-229-5
Mehr Informationen zu Investmentthemen finden Sie unter www.portfoliojournal.de

George Soros

Robert Slater

Wohl kaum ein anderes Leben verkörpert den viel
geträumten American Dream eindrucksvoller als das des
Finanzinvestors George Soros. Selbst Warren Buffett
oder Peter Lynch müssen sich im Erfolgs-Vergleich mit
diesem US-amerikanischen Selfmademan ungarischer
Herkunft geschlagen geben. Die Performance des
Finanzgiganten und sein Börsenerfolg suchen ihresglei-
chen. Und jetzt erzählt Robert Slater – in einer neu über-
arbeiteten und erweiterten Fassung, einer sorgfältig
recherchierten und engagiert erzählten Biografie – die
faszinierende Geschichte dieses außergewöhnlichen
Menschen und Investors.

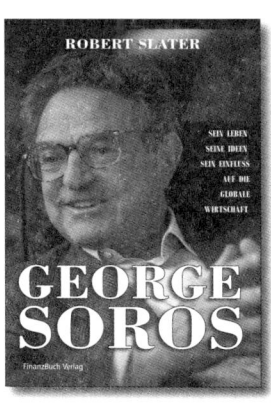

352 Seiten | Hardcover | 29,90 € (D) | 30,80 € (A) | sFr. 48,90 | 978-3-89879-473-2
Mehr Informationen zu Investmentthemen finden Sie unter www.portfoliojournal.de

Gier und Wahnsinn

Herausgegeben von Max Otte
Charles MacKay | Joseph de la Vega

Das Finanzmagazin Forbes nannte Charles MacKays Werk das »wichtigste Buch, das je über Investments geschrieben worden ist«. Der Leser erfährt authentisch und unterhaltsam alles über John Laws großes Mississippi-Projekt von 1719–1720, das ganz Frankreich ruinierte, und die englische Südseeblase von 1720, die durchaus Ähnlichkeiten mit der Technologieblase von 1997–2000 und der Emission der Aktie der Deutschen Telekom aufweist. Bei Joseph de la Vega stehen das Tagesgeschäft und die Manipulationen an der Amsterdamer Börse im Vordergrund. Nach de la Vega kämpfen verschiedene Gruppen miteinander und versuchen, durch List und Verwirrung Vorteile zu erlangen. Diese einzigartigen Klassiker der Finanzgeschichte erscheinen erstmals in einem Werk vereint und zeigen dem Leser, dass sich gerade in Krisen die Ereignisse stetig wiederholen.

208 Seiten | Hardcover | 24,90 € (D) | 25,60 € (A) | sFr. 42,90 | 978-3-89879-560-9
Mehr Informationen zu Investmentthemen finden Sie unter www.portfoliojournal.de

Der große Crash von 1929

Herausgegeben von Max Otte
John Kenneth Galbraith

24.Oktober 1929: Jeder kennt dieses Datum, jeder kennt die Mär vom „Schwarzen Freitag". Doch was damals genau geschehen ist und wie es zu diesem bisher einzigartigen Börsencrash kam, ist den wenigsten bekannt. In diesem Klassiker der Börsenliteratur erfährt man in allen Einzelheiten Vorgeschichte und Nachwirkungen und lernt, Parallelen zu ziehen. Denn das, was damals geschah, kann sich jederzeit wiederholen. In diesem außergewöhnlichen Werk vergleicht der Autor die zwei große Börsencrashs von 1929 und 1987, zeigt Parallelen und Konsequenzen sowie deren Nachwirkungen auf die Gegenwart auf und sensibilisiert den Leser, damit dieser gegebenenfalls rechzeitig aussteigt und sein Depot vor den gewaltigen Verlusten schützt.

240 Seiten | Hardcover | 14,90 € (D) | 15,40 € (A) | sFr. 26,90 | 978-3-89879-455-8
Mehr Informationen zu Investmentthemen finden Sie unter www.portfoliojournal.de